Notas del Áshram

POR EL MAESTRO ASCENDIDO

El Morya

DICTADAS A
SU AMANUENSE

Mark L. Prophet

1952 – 1958

EDITADAS Y COMPILADAS POR

Elizabeth Clare Prophet

SUMMIT UNIVERSITY ✹ PRESS ESPAÑOL®

Gardiner, Montana

NOTAS DEL ÁSHRAM
por el Maestro Ascendido El Morya
dictadas a su amanuense Mark L. Prophet
editadas y compiladas por Elizabeth Clare Prophet
Copyright © 2023 The Summit Lighthouse, Inc.
Todos los derechos reservados

Título original:
ASHRAM NOTES
by the Ascended Master El Morya
Copyright © 1990, 2021 The Summit Lighthouse, Inc.
Todos los derechos reservados.

Para más información, contacte con Summit University Press,
63 Summit Way, Gardiner, MT 59030 EE. UU.
Tel: 1-800-245-5445 o 406-848-9500
TSLinfo@TSL.org
SummitLighthouse.org
www.SummitLighthouse.org/El-Morya
www.ElMorya.org

Library of Congress Control Number: 2023937935
(Número de Control de la Biblioteca del Congreso: 2023937935)
ISBN: 978-1-60988-442-0
ISBN: 978-1-60988-443-7 (libro electrónico)

Pintura de la portada: *Monte de los cinco tesoros,* por Nicholas Roerich
En el interior: El Maestro Ascendido El Morya

26 25 24 23   1 2 3 4

NOTAS DEL ÁSHRAM

*Un maestro del Himalaya
dice cómo seguir el antiguo misterio
del autoconocimiento a través
del despertar del alma*

Los antiguos gnósticos cristianos creían que Jesús vino a despertar el alma a su origen divino y a la Luz Interior o «chispa divina». Afirmaban poseer las enseñanzas secretas de Jesús que los instruyeron acerca de cómo alcanzar la gnosis, el «autoconocimiento» y, de ese modo, convertirse en un «Cristo».

Los gnósticos usaban técnicas especiales para lograr el autoconocimiento: iniciaciones espirituales, cánticos y rituales sagrados, pero la mayoría de ellos se perdieron.

Ahora El Morya, un maestro oriental, trae a sus estudiantes occidentales un conjunto de rituales y técnicas precisas para lograr la gnosis. Mark L. Prophet (quien a menudo recordaba a sus alumnos: «No sois pecadores; simplemente no estáis despiertos»), escribió *Notas del Áshram* como una serie de cartas de El Morya entre 1952 y 1958.

Son enseñanzas atemporales para todos los que deseen seguir el antiguo misterio del autoconocimiento a través de despertar el alma.

Los Rituales del Áshram los ayudarán a aumentar su capacidad para contener y utilizar la energía espiritual. Los ayudarán a mantener su contacto con

Dios. Los fortalecerán para que puedan superar los malos hábitos. Aún más, les darán el poder que necesitan para lograr todo lo que deseen a través del sendero de la automaestría, que enseñaron los adeptos orientales.

Al dar los Rituales del Áshram, pueden reducir el sufrimiento del mundo y servir a la causa de su despertar.

A través del Ritual Sagrado para el Transporte y la Labor Sagrada, pueden viajar en su cuerpo etérico por la noche, para ofrecer asistencia espiritual a los más necesitados de todo el mundo.

Notas del Áshram es un manual de gnosis aplicada, que abre las puertas y las ventanas a su supraconsciente.

«Los que son de la Tierra, terrenales son como niños pequeños que tiran piedras al mar, mientras dicen: "Poco a poco, cruzaremos por este puente de piedras".

«¡Que pongan sus manos en la mano del Infinito! ¡Por eso, han de volar a través de la Luz y el Dios interno a una travesía feliz!».

El Morya

Mark L. Prophet

La Gráfica de tu Yo Divino

Hay tres figuras representadas en la Gráfica, a las que nos referiremos como la figura superior, la figura del medio y la figura inferior.

La figura superior es la Presencia YO SOY, el YO SOY EL QUE YO SOY, la individualización de la presencia de Dios para cada hijo e hija del Altísimo.

La Mónada Divina consiste en la Presencia YO SOY rodeada por las esferas (anillos de color) de luz que componen el Cuerpo Causal. Este es el cuerpo de la Primera Causa, que contiene en su interior los «tesoros guardados en el cielo» del hombre: palabras y obras, pensamientos y sentimientos de virtud, logro y luz, energías puras de amor que han surgido del plano de la acción en el tiempo y el espacio, como resultado del ejercicio juicioso del libre albedrío del hombre y su armoniosa calificación de la corriente de vida que brota del corazón de la Presencia y desciende al nivel del Ser Crístico, y desde allí vigorizar y avivar el alma encarnada.

La figura del medio en la Gráfica es el Mediador entre Dios y el hombre, llamado Santo Ser Crístico, Ser Real o Conciencia Crística. También se lo conoce como el Cuerpo Mental Superior o la propia Conciencia Superior.

Este Instructor Interno eclipsa al yo inferior, que consiste en el alma que evoluciona a través de los cuatro planos de la Materia, mientras usa los vehículos de los cuatro cuerpos inferiores (el cuerpo etérico o de la memoria, el cuerpo mental, el cuerpo emocional o de deseos y el cuerpo físico) para equilibrar el karma y cumplir el plan divino.

Las tres figuras de la Gráfica se corresponden con la Trinidad del Padre (la figura superior), el Hijo (la figura del medio) y el Espíritu Santo (la figura inferior). Este último es el templo deseado del Espíritu Santo, cuyo fuego sagrado se indica en la llama violeta que lo envuelve. La figura inferior es la que te corresponde como discípulo en el Sendero. Tu alma es el aspecto no permanente del ser, que se hace permanente a través del ritual de la ascensión.

La ascensión es el proceso por el cual el alma, al haber equilibrado su karma y cumplido su plan divino, se fusiona primero con la conciencia Crística y luego con la Presencia viviente del YO SOY EL QUE YO SOY. Una vez que ha tenido lugar la ascensión, el alma, el aspecto no permanente del ser, se convierte en el Incorruptible, un átomo permanente en el Cuerpo de Dios. La Gráfica de Tu Yo Divino es, por lo tanto, un diagrama de ti mismo: pasado, presente y futuro.

La figura inferior representa al hijo del hombre o al niño de la Luz, que evoluciona bajo su propio «Árbol de la Vida». Así es como debes visualizarte, de pie en la llama violeta, que invocas diariamente en el nombre de la Presencia YO SOY y tu Santo Ser Crístico para purificar tus cuatro cuerpos inferiores en preparación para el ritual del matrimonio alquímico: la unión de tu alma con el Amado, tu Santo Ser Crístico.

La figura inferior está rodeada por un tubo de luz, que se proyecta desde el corazón de la Presencia YO SOY en respuesta a tu llamado. Es un cilindro de luz blanca que sostiene un campo energético de protección las veinticuatro horas del día, siempre y cuando lo custodies con armonía. También se invoca a diario con los «Decretos de Corazón, Cabeza y Mano» y puede reforzarse, según sea necesario.

La llama trina de la vida es la chispa divina enviada desde la Presencia YO SOY como el regalo de la vida, la conciencia y el libre albedrío. Está sellada en la cámara secreta del corazón para que, a través del Amor, la Sabiduría y el Poder de la Deidad anclada en ella, el alma pueda cumplir su razón de estar en el plano físico. También llamada la llama Crística y la

La Gráfica de Tu Yo Divino

See the color chart at: TSL.org/IAMPresenceChart

llama de la libertad, o flor de lis, es la chispa de la divinidad del hombre, su potencial para la Cristeidad.

El cordón de plata (o cristalino) es la «corriente de vida», que desciende desde el corazón de la Presencia YO SOY al Santo Ser Crístico para nutrir y sostener (a través de los chakras) el alma y sus vehículos de expresión en el tiempo y el espacio. La energía de la Presencia fluye sobre este cordón «umbilical», que entra en el ser del hombre por la coronilla y otorga el impulso a la pulsación de la llama trina, así como al latido físico del corazón.

Cuando termina una ronda de la encarnación del alma en la forma material, la Presencia YO SOY retira el cordón de plata, después de lo cual la llama trina regresa al nivel del Cristo y el alma vestida con las prendas etéricas gravita hacia el nivel más alto de su logro, donde se la instruye entre encarnaciones hasta su encarnación final, cuando la gran ley decreta que ya no ha de salir.

La paloma del Espíritu Santo que desciende del corazón del Padre se muestra justo encima de la cabeza del Cristo. Cuando el hijo del hombre se reviste y se convierte en la conciencia de Cristo como lo hizo Jesús, se fusiona con el Santo Ser Crístico. El Espíritu Santo está sobre él y se pronuncian las palabras del Padre, la amada Presencia YO SOY: «Este es mi Hijo amado, en quien tengo complacencia». (Mat. 3:17).

Una explicación más detallada de la Gráfica de Tu Yo Divino se da en *Las enseñanzas perdidas de Jesús y Escala la montaña más alta* de Mark L. Prophet y Elizabeth Clare Prophet.

Índice

Una palabra
acerca del
ÁSHRAM

por Mark L. Prophet

Así como los momentos de la vida entrelazados en la vestimenta fugaz del tiempo contienen impulsos mundanos, así también hay pulsaciones divinas que sostienen a todos los mundos, ya sean visibles o invisibles.

El hombre puede sintonizarse con estas pulsaciones divinas aquí y ahora para alterar la calidad de la vestimenta del tiempo que él teje. De esta manera, asegurará su admisión al Áshram y a través de los portales de su hermandad, entrará en la compañía de aquellos maestros inmortales de las eras cuya victoria sobre el yo y las circunstancias los elevaron al estado ascendido en el reino celestial.

Tu sintonía con las octavas superiores hoy puede ser aún más eficaz, porque los Maestros Ascendidos están totalmente dedicados a dar un servicio extraordinario a la vida. Este servicio permite a todos los que trabajan a su lado representar el patrón eterno victoriosamente, un patrón que Dios planea para cada hombre y mujer en la Tierra. Por esta razón y con este fin se fundó el Áshram.

En cada era, solo unos pocos han alcanzado la maestría divina a través de la conciencia Crística y ganado la «inscripción», que la pluma angélica realiza en el pergamino de la Hermandad inmortal. Hoy estos sabios y amorosos seres están entregando su libertad obtenida con tanto esfuerzo y el impulso acumulado de su maestría, para asistir a los niños de Dios que no han ascendido y no han despertado, que, aunque estén atrapados en la red de su creación densa, están dispuestos a esforzarse para ser libres.

Los gritos de dolor y aflicción del mundo han alcanzado los oídos de los vigilantes angelicales enviados por el Creador para observar silenciosamente e informar a los concilios cósmicos las actividades de un mundo atrapado en la red de la materia atómica y de conflictos generados por el error. De acuerdo con la Ley Divina, estos seres magistrales se encargan de que los llamados que vengan de la Tierra se contesten a la manera de Dios.

El Áshram de El Morya es una respuesta al llamado de las corrientes de vida no ascendidas, quienes desean aminorar el sufrimiento del mundo y servir a la causa de su despertar. El Áshram lleva un mensaje lleno de esperanza a los hermanos pequeños y grandes de la Tierra. Abre la puerta que ningún hombre puede cerrar y establece un sendero brillante para que las almas lleguen más allá del velo aparentemente silencioso al reino del Amor puro. Aquí el cuidado del único Padre se manifiesta para todos sus hijos, que se crearon para heredar las bendiciones de su reino.

Más allá de los confines de la raza y del conflicto de los credos, el Áshram parte el velo para que el alma pueda comulgar con los maestros instructores, ordenados por decreto divino, quienes le mostrarán que la libertad, en el sentido más elevado y completo de la palabra, puede ser el destino de todos.

Los devotos de la Luz por todo el mundo se han unido al Áshram con el propósito de servir y ayudar a que sus hermanos se sobrepongan a obstáculos, como el tiempo, el espacio, casta o su vocación en la vida, que pueda impedirles conocerse unos a otros y servir juntos. Mediante la fuerza de su unión espiritual, los devotos del Áshram desean ser el eslabón de la Hermandad para aquellas almas sinceras en la Tierra que todavía no han encontrado el camino hacia la morada de los Maestros.

Al unir las energías de los estudiantes y chelas (discípulos) con las de los Maestros de Sabiduría, el Áshram establecerá puntos focales para transmitir los impulsos superiores de las bendiciones de los Maestros hacia los mundos de pensamiento y sentimiento de la humanidad y la Naturaleza; así convertirá el sendero de espinas en uno de belleza.

Los seres ascendidos y no ascendidos quienes patrocinan esta actividad armonizadora a niveles internos están deseosos de ver que la vida de la gente se alumbre con la antorcha de la libertad, que trae el consuelo del cielo a la Tierra. Ellos desean establecer una comunión mundial de devotos encarnados y Maestros Ascendidos, que resulte finalmente en la unión de muchas almas con Dios a través del ritual de la ascensión.

El maestro que patrocina el Áshram, el Maestro Ascendido El Morya, se esforzará por desarrollar gradualmente en la mente y corazón de cada estudiante, los métodos examinados y comprobados de meditación y el extraordinario poder de la invocación a Dios, cuando se usa correctamente. A través de la Presencia Divina de cada estudiante, el Maestro ayudará a traerle (y a través de él, al mundo) los beneficios y la gloria de la radiación de la Luz desde las puertas celestiales, que ahora están entreabiertas.

A medida que los estudiantes del Áshram participen en tales actividades que el Maestro dirija, notarán cambios sutiles que traerán paz a su vida personal, así como a la vida de todos a los que contacte y conmueva. Nuestras peticiones de Luz se escucharán. Permitirán que las evoluciones de Luz de nuestra Tierra envíen finalmente los bellos rayos de Luz y Amor puros, como Dios deseó que lo hicieran.

El Áshram no es meramente una salida social para que el ego se pavonee y abuse de sus semejantes; por el contrario, existe para abrir oportunidades de servicio real y transcendental a la Hermandad para el alma aspirante, quien ya no se conforma con dejarse llevar por las mareas de la vida, sin estabilidad.

Ninguna personalidad se glorifica a nivel humano en el programa del Áshram, que solo desea ejemplificar el camino de la vida de los Maestros Ascendidos y engrandecer al Señor Cristo en nuestros miembros. No pedimos cuotas de admisión y te alentamos a que escojas, con la libertad que Dios nos ha dado, cualquier religión o camino místico, en tanto que camines en la Luz de tu Presencia Divina.

Pero sí te pedimos que aprendas el significado de lo que es ser digno de confianza y que aprendas el lema de la Hermandad: Saber, osar, hacer y callar. Porque, concerniente a los misterios del reino, Jesús dijo a sus discípulos: «No deis lo santo a los perros, ni echéis vuestras perlas delante de los cerdos, no sea que las pisoteen, y se vuelvan y os despedacen».

Nuestros métodos son simples y están dedicados a un propósito sublime: la expansión de la luz del alma y el servicio a la humanidad. Que la Luz de tu Presencia Divina sea tu guía y que el tiempo te lo demuestre.

Puedes alcanzar la expansión de la luz de tu alma a través de la aplicación de la enseñanza contenida en nuestras Notas del Áshram, las cuales son cartas de nuestro fundador, El Morya y de otros Maestros Ascendidos de la Gran Hermandad Blanca. Puedes decidir guardarlas en un cuaderno para estudiarlas más adelante. Al crecer tu entendimiento, su valor también aumentará para ti.

Puedes prestar servicio al mundo al participar en períodos de meditación, que nuestros miembros realizan al mismo tiempo. Estos rituales, dictados por El Morya y patrocinados desde lo alto, aumentarán el Bien, que se irradie a través de ti, a nuestra dulce Tierra.

Los que servimos en el Áshram te llamamos para que tengas esta oportunidad. Te invitamos a tomar parte, al prestar un servicio a la vida que liberará, por medio del amor, a innumerables millones de hermanos y hermanas quienes recorren, sin cesar, la rueda del karma. Muchas veces, «no saben lo que hacen» y viven ciegamente, sin esperanza, como si hubieran sido echados en un hoyo de desesperanza.

Si te unes a estos rituales, te armonizarás con un propósito singular, con las grandes radiaciones de los Maestros Ascendidos y las de tus hermanos y hermanas de todos los continentes.

En el Áshram trabajamos para reconstruir nuestra vida, de acuerdo con el patrón que nos guía desde nuestra Presencia Divina individualizada y nuestro Santo Yo Crístico. Nos comprometemos internamente a trabajar para que haya un renacimiento divino en la Tierra. Y reconstruimos el templo interior todos los días, de acuerdo con el patrón que recibimos individualmente de Dios en nuestras meditaciones en el monte de la iluminación.

De este modo, oramos para que con nuestra vida y esfuerzos sea posible crear una vez más un «nuevo cielo y una nueva tierra». Queremos dar un ejemplo y guiar a las almas de Luz hacia una era dorada permanente, en la que los Maestros Ascendidos restablecerán sus Áshrams terrenales; y una vez más se moverán libremente en la octava física para bendecir a los hijos de Dios encarnados con su presencia visible.

Que la nueva era venga pronto y que permanezca en

nuestra bendita Tierra y en su gente por siempre. Y que nuestra humilde ofrenda aumente los rayos del arco iris de nuestro cuerpo causal a una magnitud que ayudará a muchos a retornar juntos al Hogar, al corazón del Padre.

La Alianza de los Magos
de El Morya

Padre, en tus manos encomiendo mi ser. Tómame y úsame: mis esfuerzos, mis pensamientos, mis recursos, todo lo que YO SOY, en tu servicio al mundo de los hombres y para tus nobles propósitos cósmicos, desconocidos aún por mi mente.

Enséñame a ser amable a la manera de la Ley que despierta a los hombres y los guía a las orillas de la Realidad, a la confluencia del Río de la Vida, a la fuente edénica, para que pueda entender que las hojas del Árbol de la Vida, que me son dadas cada día, son para la curación de las naciones; que al almacenarlas en el tesoro de mi ser y ofrecer el fruto de mi amorosa adoración a ti y a tus propósitos supremos, en verdad estableceré una alianza contigo siendo mi guía, mi guardián, mi amigo.

Porque tú eres el que dirige mi conexión estableciendo una relación entre mi corriente de vida y esos contactos celestiales, limitado únicamente por el fluir de las horas, que me ayudarán a realizar en el mundo de los hombres el aspecto más significativo de mi plan de vida individual tal como tú lo concebiste y como es ejecutado en tu nombre por el Consejo Kármico de supervisores espirituales quienes, bajo tu santa dirección, administran tus leyes.

Que así sea, oh Padre eterno, y que la alianza de tu bienamado Hijo, el Cristo vivo, el Unigénito de la Luz, me enseñe a percibir que él vive hoy día dentro de la trinidad de mi ser como el Gran Mediador entre mi Presencia Divina individualizada y mi ser humano; que él me eleva a la conciencia Crística y a tu realización divina a fin de que, al igual que el Hijo eterno se hace uno con el Padre, así yo pueda finalmente unirme a ti en ese momento dinámico en el que de la unión nace mi perfecta libertad para moverme, pensar, crear, diseñar, realizar, habitar, heredar, morar y para estar totalmente dentro de la plenitud de tu Luz.

Padre, en tus manos encomiendo mi ser.

Notas del Áshram

Saludos, bienamado:

Como eres un hijo de Dios, es mi privilegio darte la bienvenida al Áshram. Dedicado a Dios, el Áshram está construido en su conciencia cósmica; y nuestra meta, así como la tuya, es habitar siempre en la conciencia ashrámica. Que nuestra mente more eternamente en la Luz de su sabiduría y su presencia.

Nuestros consejos y bendiciones te llegarán externamente en este formato. Internamente, Dios sabe y tú sabes. Y Él, que está dentro de ti os ha de otorgar paz, poder y amor, a medida que comprometas tu espíritu en nuestras meditaciones en grupo.

Ofrecemos «El Ritual Unísono» en nuestras reuniones bimensuales de meditación, las cuales se realizan en nuestras localidades respectivas el primer y tercer domingos de cada mes a las 9:30 de la noche.

Ofrecemos el «Ritual del Gran Sol Central» todos los días al amanecer y al atardecer; puedes escoger celebrar la salida y la puesta del sol, de acuerdo con tu horario o a cualquier hora que te sientas inclinado a adorar al Sol.

Participamos todos los días a las 9 de la mañana o a las 9 de la noche en el «Ritual para armonizarse con la Sagrada Voluntad de Dios». Los rituales para estas tres meditaciones están adjuntos.

Si es inconveniente para ti ajustar el horario de tus meditaciones bimensuales y diarias a nuestro horario, por favor, no tengas reparo en organizarlas a las horas que son más convenientes para ti y para tu grupo.

Cualquiera que sea la hora en que puedas reunirte, ten la seguridad de que la ofrenda de tu corazón beneficiará en gran medida a la evolución planetaria. Es mejor si puedes sintonizarte con nosotros; pero si no es posible, asegúrate de mantener tus meditaciones bimensuales a la misma hora, para establecer así una ofrenda al cosmos constante y rítmica.

Desde las nubes de Dios. . .

Que se derrame ahora un torrente celestial de armonía sobre tu alma y conciencia.

Que se derrame la paz sobre ti.

Que se vierta sobre ti el contacto con la Jerarquía.

Que seas un conducto, quien, junto con otros siervos dispuestos sirva a muchos corazones, incluso al niño pequeño que los guiará.

Que seas un canal que pueda dar con alegría una copa de agua fresca en el nombre del Cristo.

Y que, mediante tu servicio y amor, sea bendecida toda la humanidad.

¡Nosotros los del Áshram te saludamos, ¡oh, hijo de lo Divino!

Bendiciones eternas,

1

El Ritual unísono
(Primer y tercer domingo 9:30 p.m.)

I

¡YO SOY Tu Sagrado Amor!

¡YO SOY Tu Estrella Secreta de Amor!

Ante Tu Sagrado Amor y ante Tu Estrella Secreta de Amor, oh, Padre de Luces en quien no hay mudanza ni sombra de variación, me inclino.

Muéstrame Tu río puro de agua de Vida, clara como el cristal que procede del trono de Dios y del Cordero. Que tu Vida, Luz y Conciencia fluyan por mi cordón cristalino como el puro río cristalino que avanza conmigo desde el trono de tu Bendita Presencia YO SOY y Santo Ser Crístico.

Oh, Tú, Cordero de Dios, llévame a Tu corazón, recibe mi alma como tu esposa. Tú que eres digno, abre los siete sellos de mi Libro de la Vida.

¡Bendición, honor, gloria y poder sean con el que se sienta en el trono y con el Cordero por siempre jamás!

Abre mis siete chakras para que pueda transmitir tu Luz a fin de construir el *antahkarana** entre los todos los portadores de Luz de este mundo y cosmos.

¡Revélame los prodigios de la Mujer vestida del Sol y su Hijo Divino Varón!

---

*Antahkarana [Sánscrito, «órgano sensorial interno»]: la red de la vida; la malla de luz que abarca el Espíritu y la Materia conectando y sensibilizando toda la creación dentro de sí misma y con el corazón de Dios.

¡Revélame a mi Padre Divino y Madre Divina, Alfa y Omega!

¡Hágase tu voluntad así en la tierra como en el cielo!

Oh, amadísimo SEÑOR Dios de todos los que han descendido del Verbo, que era con Brahmán en el principio, haz que sea uno contigo al final de los ciclos en este cosmos de la Materia, así como yo era uno contigo al Principio de los ciclos.

Irradia a través de mí Tu Amor, mi Amor: a todo el que esté ante el trono de Dios y ante el Cordero, ataviado con vestiduras blancas y palmas en las manos; a todo el espíritu de la Gran Hermandad Blanca, del cual YO SOY parte; y a los ángeles y a los veinticuatro Ancianos y las Cuatro Bestias (el León, el Becerro, el Hombre y el Águila voladora, que adoran a Dios ante Su trono.

Mediante el presente, «El Ritual unísono» une a todos los miembros del Áshram, como es arriba, es abajo, mientras lo recitamos juntos diciendo:

Amén: ¡Bendiciones, gloria, sabiduría, acción de gracias, honor, poder y fuerza sea con nuestro Dios por siempre jamás! OM

Oh, amadísimo SEÑOR Dios, permítenos salir de la gran tribulación del karma personal y planetario; y permítenos también lavar nuestras vestiduras en el fuego sagrado y la llama violeta y que se blanqueen con la sangre del Cordero.

Y cuando se termine el viaje de nuestra alma, amadísimo SEÑOR, permítenos estar con los santos y las jerarquías que sirven a Dios día y noche en su templo en el Gran Sol Central. Y que nuestro Padre de Luces, el Señor Sanat Kumara, que ha salvado nuestra alma mediante el Hijo de Dios, Jesucristo, habite entre nosotros y nosotros con él para siempre.

Amada poderosa Presencia YO SOY, irradia a través de nosotros tu Amor, nuestro Amor, a todos Tus hijos que estén perdidos en las sombras. Acelera la llama de su corazón por medio de tu Sagrado Amor y tu Estrella Secreta de Amor, cuya Luz es emitida ahora por nuestros chakras, para que puedan revivir y hacerse Hijos de Dios por medio del Corazón Sagrado de Jesucristo y el Corazón Inmaculado de la Bendita Madre María.

Oh, Señor, ¡Dios Mío!

¡YO SOY Tu Sagrado Amor!

¡YO SOY Tu Estrella Secreta de Amor!

II

Instrucción:

Entrégate a un período de meditación y centra tu atención en el corazón. Visualiza el Corazón Sagrado de Jesús superpuesto al tuyo y alterna este pensamiento con el del Inmaculado de la Madre María y el Corazón Diamantino de El Morya. Además, visualiza a los miembros del Áshram y a ti mismo, así como a todos los portadores de Luz de este mundo y cosmos, envueltos en su Santo Ser Crístico. Luego, visualiza y envía un fuerte rayo de Luz desde tu corazón al de ellos. Observa y siente ese poderoso faro, con rayos como agujas que te conectan con todos los corazones de Luz y establecen el antahkarana que has invocado por medio del Sagrado Corazón de Jesús, el Corazón Inmaculado de Madre María y el Corazón Diamantino de El Morya. De día y de noche, mantén en tu mente la imagen de un antahkarana cósmico, que conecte a todos los portadores de Luz no ascendidos con los ascendidos, los cuales, [como es Arriba es abajo] componen todo el Espíritu de la Gran Hermandad Blanca.

Llama a tu poderosa Presencia YO SOY, para que la Luz invocada por medio de afirmaciones, mantras, oraciones y decretos sea sellada en un depósito de Amor, de modo que sea dirigida por el Cristo Cósmico adonde sea necesaria con el fin de sanar, fortalecer y unir a los portadores de Luz. Después, haz la siguiente invocación, mientras visualizas al Maestro Jesucristo cubierto por el Cristo Cósmico:

¡Oh, Ser Radiante, Tú, Salvador, Tú, Cristo Cósmico! Supremo en Piedad Divina, supremo en Compasión Divina, supremo ante el reino de Arcángeles y Ángeles y los poderes de los Elohim, haz de nosotros un solo Cuerpo Místico del Cristo Cósmico, nosotros que aspiramos a ser uno en la conciencia ashrámica, uno en el cáliz cristalino de Tu Voluntad Divina. Haz que nuestra voluntad se dirija a Ti, mientras recitamos al unísono la «Oración de San Francisco».

Oración de San Francisco

Señor,
    hazme un instrumento de tu paz.
    Donde haya odio, déjame sembrar amor;
    donde haya ofensa, perdón;
    donde haya duda, fe;
    donde haya desesperación, esperanza;
    donde haya oscuridad, luz; y
    donde haya tristeza, alegría.

Oh, Maestro Divino,
    concédeme que no busque tanto
    ser consolado como consolar;
    ser comprendido como comprender;
    ser amado, como amar.
    Porque es al dar que recibimos,
     es al perdonar que somos perdonados, y
    es al morir que nacemos a la vida eterna.

Que el vestido sin costura del Santo Ser Crístico nos envuelva a cada uno de nosotros y a todos los hijos del Dios Padre-Madre y nos eleve con profunda paz a la cruz de Luz.

YO ESTOY en el vórtice de un aura radiante de agradecimiento a la Vida. YO SOY el que envía gratitud a mi Dios, que es Vida, por vivir y por haberme dado una porción de su Llama Divina, sellada en el corazón de mi Ser.

Por medio de los círculos cada vez mayores de esta aura de agradecimiento, llega a todos en el Áshram mundial de El Morya, que ofrece esta invocación al unísono, mientras irradiamos Luz unos hacia otros, de corazón a corazón, de Llama Divina a Llama Divina, por los siglos de los siglos.

Y YO SOY el que asciende eternamente a ti, como dulce incienso, con los miembros del Áshram y las huestes ascendidas, ¡oh, Tú Bien Supremo!

¡YO SOY el que irradia ¡Luz!, ¡Luz!, ¡Luz!, con el Espíritu del Cristo Cósmico! ¡Envío Amor Divino, Sabiduría y Poder a todos los siervos de Dios!

YO SOY el que invoca a mis queridos amigos, los Siete Arcángeles y las huestes de Luz, para elevar a los compañeros de trabajo en nuestro Áshram dedicado a Dios, para protegernos y fortalecernos en su servicio. ¡Libéranos, libéranos, libéranos!

YO SOY el que fusiona ahora la Luz de mi propia Presencia Divina y Santo Ser Crístico con los ángeles servidores del fuego sagrado de Dios y con todos los que consideran sagrada la «comunión de los santos» dentro del recinto de nuestro Áshram.

YO SOY el que fusiona ahora mi mente, corazón y espíritu con el Cristo Cósmico y los Maestros divinos, Jesucristo, la

Virgen María, Saint Germain y El Morya. Y especialmente entrego y someto ahora mi alma a la Santa Voluntad de mi eterno Dios Padre-Madre.

Como instrumento del Santo Ser de Dios, YO SOY el que dirige la Vida, la Luz, la Verdad y el Amor, el dominio sabio, la fuerza, la energía y salud dondequiera que sea necesaria, hacia toda la Vida, que se consagre al Dios Trino.

YO SOY el que concentra todo el Poder, la Sabiduría y el Amor de mi ser libre en Dios en la cámara secreta de mi corazón y YO SOY el que envía en este momento de la eternidad (en una acción concertada con mis hermanos y hermanas en la tierra y en el cielo) la Luz de la Trinidad de mi Presencia Divina y Santo Ser Crístico a todos los chelas de la Voluntad de Dios, por los siglos de los siglos.

Que el pleno Poder, Sabiduría y Amor de la Trinidad *¡se extienda!, ¡se extienda!, ¡se extienda! y ¡se extienda!* por toda la Tierra para entregar a toda la vida que sea Dios en manifestación, el patrón del bello Amor y Perfección divinos desde la Fuente del Sol Central de la creación.

Amada Presencia Divina, te llamo ahora para que despiertes a todos los corazones de los hijos de la Luz en todas partes a este Amor y Perfección hermosos, que el Dios Padre-Madre ha sellado en su semilla original de la Vida, para el pleno florecimiento de su alma hacia Tu gloria y la unión contigo.

Despierta en ellos el recuerdo de sus Padres Divinos, de su naturaleza espiritual en Cristo y del descenso de su alma desde su Hogar de Luz. Despiértalos para que escuchen Tu llamado y sigan el sendero de la Cristeidad personal que conduce hacia Ti, ¡Oh, Padre-Madre de Luces, a través de la resurrección y la ascensión en la Luz!

Amada Presencia Divina, envía doce legiones de ángeles para liberar a todas las almas de Luz perdidas en las sombras, que han olvidado el don del Amor y Perfección hermosos de la Imagen Divina sellada en su corazón; y tráelas a los pies de Cristo y a la victoria sobre la Muerte y el Infierno.

Amado Padre-Madre de Luces, te llamo ahora para que envuelvas a todos Tus hijos con el vestido sin costura de la Presencia Crística Maestra y para que los eleves a todos en *paz, paz, paz* hacia el Amor y la Perfección hermosos del reino de Luz. ¡Que ese reino se manifieste en ellos mediante la Luz de Dios que nunca, nunca falla a la hora de *manifestarse, manifestarse, manifestarse* dondequiera que YO SOY!

III

¡YO SOY Tu Sagrado Amor!

¡YO SOY Tu Estrella Secreta de Amor!

Alfa y Omega, oh, Tú que eres el Principio y el Fin del Cosmos, Tú que en Tu Amor y Perfección hermosos has invocado a nuestras llamas gemelas desde el ovoide de fuego para participar de Tu Unidad:

Expresa la vibración de Tu Voluntad Divina a través de nuestras llamas gemelas. Entónala por medio de Tu Palabra Sagrada. ¡Transmítela a nuestro Corazón Diamantino para que nuestros mundos se vuelvan a crear según Tu Imagen Divina, ¡nuestro Padre-Madre de Luces!

Porque YO SOY, nosotros somos tu voz; YO SOY, nosotros somos tu templo vivo; YO SOY, nosotros somos, el latido de tu corazón. Nuestra vida, nuestra alma, nuestra mente, nuestro corazón y nuestra llama gemela son uno en Ti.

Crea, mantén y aumenta en nuestra llama gemela y en todos tus hijos un anhelo consciente por la llegada de Tu Amor y Perfección hermosos aquí abajo, como es Arriba.

Mantras:

YO SOY Tu Presencia
que expresa los fíats de Vida eterna:

¡YO ESTOY vivo por siempre![*]

¡YO SOY en todas partes en la Conciencia de Dios![*]

Oh, Amanecer de eterna alegría:

**¡YO SOY mi ascensión divinamente
victoriosa en la Luz!**[*]

¡YO SOY Tu Sagrado Amor![*]

¡YO SOY Tu Estrella Secreta de Amor![*]

En el nombre de Jesucristo,
afirmo con mi Salvador
en el corazón del Señor
que es, que fue y que ha de venir,
el Todopoderoso:

**YO SOY Alfa y Omega
¡el Principio y el Fin!**[*]

ॐ

---

*Hacer este mantra 9 veces o en múltiplos de 27 hasta 108.

¡Oh, Helios y Vesta, Padres Divinos
en el Sol de nuestro sistema solar, YO SOY vuestro!

Unidos en la corriente de tu Conciencia
que eternamente fluye por todo el cosmos,
YO SOY tu Luz que brilla en la Oscuridad
YO SOY Tu Presencia que dirige a la Luz y ordena:
¡Luz, brilla!, ¡Luz, brilla!, ¡Luz, brilla!

YO SOY Tu Poder, Sabiduría y Amor
que mantienen cada corazón y latido
YO SOY Tu Presencia que dirige al Amor y ordena:
¡Amor, gobierna!, ¡Amor, gobierna!, ¡Amor, gobierna!

YO SOY Tu Presencia que dirige a la vida, que ordena:
¡Oh, toda Vida, asciende!

IV

Oración de Comunión

Amado Señor Jesús, como Tú has dicho: «Tomad, comed;
esto es mi cuerpo que por vosotros es partido... Esta copa es
el nuevo pacto en mi sangre; haced esto en memoria de mí»,
ven, pues, a partir el Pan de la Vida con nosotros y vierte tu
dulce copa de la comunión. En conmemoración de la unión
del Cuerpo Místico de Dios en el cielo y en la tierra, celebra-
mos tu victoria sobre la Muerte y el Infierno y tu resurrección
a la vida eterna.

(Colocar el dedo pulgar y los dos primeros dedos de la mano izquierda en el corazón y levantar la mano derecha, con la palma extendida hacia el pan y el vino, mientras se leen los siguientes párrafos.)

Centrados en la llama de acción de gracias, Todos Unidos compartimos tu Sangre y tu Cuerpo, el Alfa y la Omega de nuestro Dios Padre-Madre. Ven, oh, Señor, mientras nos reunimos en Tu nombre. Bendice ahora este pan, este vino. Que lleve la plenitud de Tu esencia Crística para renovar nuestra naturaleza espiritual en esta alquimia divina de la transubstanciación.

Haznos santos, pues tú eres santo.

¡Santidad al SEÑOR!

Haznos dignos, pues tú eres digno.

¡Dignidad al SEÑOR!

Y bebamos de este fruto de Tu nueva Vid contigo en el reino, al igual que participamos de él ahora con seres no ascendidos y ascendidos, Maestros, santos, Ángeles y Arcángeles, seres gloriosos unidos en la Vida, Luz, Verdad y Amor de la Madre Divina.

(El conductor eleva el cáliz del altar. Todos dicen):

¡Oh, Alma mía, asciende!

(Devuelve el cáliz a su lugar y participa en la Sagrada Comunión)

Se cumple, por el pleno Poder del Tres por Tres, en el nombre del Padre, del Hijo y del Espíritu Santo.

¡YO SOY la Bondad, Paz y Alegría del Dios Todopoderoso, que se manifiesta por doquier en el corazón de los comulgantes de Cristo, por los siglos de los siglos! Amén.

Oración al Padre-Madre de Luces

¡YO SOY Tu Sagrado Amor!
¡YO SOY Tu Estrella Secreta de Amor!
YO SOY Alfa y Omega
¡el Principio y el Fin!

Oh, amados Padre-Madre de Luces,
en estos últimos días habla de nuevo a tus hijos
Que tu voz se oiga en nosotros y a través de nosotros,
pues, nos ofrecemos como templos vivos de tu Espíritu

¡YO SOY Tu Sagrado Amor!
¡YO SOY Tu Estrella Secreta de Amor!
Haz que nuestro corazón, mente y vida
sean Uno en Ti.

Concede a todos los portadores de Luz tu paz y libertad
para que tu Espíritu pueda prosperar en nosotros.
Crea en nosotros un nuevo corazón,
restablece el lazo de tu corazón con el nuestro,
renueva en nosotros un espíritu recto

No nos alejes de Tu Presencia,
sino aparta al yo sintético
de nuestro Verdadero Yo y del Tuyo

No nos prives de tu Espíritu Santo,
sino llénanos con Tu Espíritu.
¡Ven, oh, Dios, ilumínanos!

Permanece con nosotros hasta el final
como estuviste con nosotros en el Principio,
Oh, Alfa y Omega, nuestro Dios Padre-Madre.
AMÉN

Bendición

¡YO SOY Tu Sagrado Amor!
¡YO SOY Tu Estrella Secreta de Amor!
que vela por cada miembro del Áshram
mientras permanecemos unidos,
aunque aparentemente separados en el tiempo y el espacio,
unidos en el océano de Tu fuego violeta,
unidos en el corazón del amor de la Libertad,
Saint Germain y Porcia,
y divinamente centrados en la resplandeciente gota de rocío
de nuestra propia individualidad por siempre:
¡Oh, Poderosa Presencia YO SOY, Tú eres Uno!

PAZ   PAZ   PAZ

OMMMMMMMMMMMMMMMMMM

Instrucciones generales para preparar el altar:

Puedes usar una mesa o un mueble cubierto con un mantel apropiado, preferiblemente de lino blanco. Cuelga la Gráfica de tu Yo Divino centrada arriba del altar con los retratos de Saint Germain y Jesucristo pintados por Charles Sindelar a la derecha y a la izquierda respectivamente. Coloca un cuenco o una copa clara o de cristal apropiada como cáliz, con una vela a cada lado, en el centro del altar.

Puedes poner sobre el altar imágenes o estatuas de Jesús, Madre María, San José y el Arcángel Miguel, así como de tus Maestros Ascendidos favoritos o santos, como Teresa de Lisieux; uno o más floreros con flores frescas o artificiales o una planta que florezca; un recipiente para quemar incienso, una Biblia; y piezas de cuarzo y amatista naturales. Es necesario un globo del mundo, preferiblemente iluminado, como ayuda para las visualizaciones, que debe ponerse en un lugar separado.

Instrucciones generales para dirigir los rituales:

Conduce los rituales ante el altar en un cuarto dedicado a meditar: tu santuario. Quema incienso para consagrar tu santuario antes de empezar. Cuando todo esté listo, enciende las dos velas sobre el altar y ponte de pie ante él en señal de reverencia hacia Dios, con palmas de las manos hacia arriba para recibir los rayos de Luz de lo alto, al abrir tu corazón con amor a fin de establecer contacto con tu Dios Padre-Madre. Pide al Maestro Ascendido El Morya, nuestro amado patrocinador, que coloque su presencia en el santuario durante el servicio. Durante «El ritual unísono» se puede poner una versión instrumental del Ave María de Schubert como música de fondo para meditar, mientras recitas el ritual con el poder del Espíritu Santo y la completa devoción de tu alma.

Todos los rituales se deben hacer en voz alta, ya sea en grupo o durante períodos de meditación a solas. En todos los rituales hay mantras escritos en negrita, que se pueden memorizar y usar aparte de los rituales. Se deben hacer los mantras siempre nueve veces o, de manera opcional, en múltiplos de 27 hasta 108.

En el lugar apropiado de «El ritual unísono», puedes tomar la comunión solo o con tu grupo. Prepara vasitos con jugo de uva y hostias o trocitos de pan. Ten todo listo en una mesa al lado del altar, cubierta con una tela blanca.

2

Ritual del Gran Sol Central[*]
¡Oh, Cristo Cósmico, Luz del Mundo!
(A la salida y a la puesta del sol)

I

¡Oh, Cristo Cósmico, Luz del Mundo!

En el Principio era el Verbo
y el Verbo era con Dios y el Verbo era Dios

¡Oh, Cristo Cósmico, Luz del Mundo!
Tú eres Vida y tu Vida es la Luz de mi Ser

Por tanto, YO SOY el verdadero testigo de tu Luz,
porque Tú eres la verdadera Luz
que alumbra a toda manifestación
del Dios Padre-Madre que viene al mundo

Tú eres la Palabra que fue hecha carne
y vivió entre nosotros llena de Gracia
y Verdad en el Hijo, Jesucristo

YO SOY el que contempla la Gloria de mi Señor
y Salvador, Jesucristo
La Gloria del Unigénito del Padre
Quien también está conmigo
en mi Amado Santo Ser Crístico

---

[*]Al hacer este ritual, dirígete hacia el sol, naciente o poniente, con cuidado de no mirar hacia él directamente.

II

Salutación al Sol

Oh, poderosa Presencia de Dios, YO SOY,
dentro y detrás del Sol:
Acojo Tu Luz, que inunda toda la Tierra
en mi vida, en mi mente
en mi espíritu, en mi alma.
¡Irradia y destella Tu Luz!
¡Rompe las cadenas de oscuridad y superstición!
¡Cárgame con la gran claridad
de tu radiación de fuego blanco!
¡YO SOY tu hijo, y cada día me convertiré
más en tu manifestación!

III

YO SOY EL QUE YO SOY

¡YO SOY la Luz del Mundo!*

Oh, Cristo Cósmico
Tú eres el que da poder a mi filiación por medio de
Jesucristo
¡Yo he nacido de nuevo!
(no de la sangre ni de la voluntad de la carne ni
de la voluntad del hombre), sino que he nacido de Dios.

Porque mi Señor me ha dicho:
«YO SOY la Resurrección y la Vida;
El que cree en mí, aunque esté muerto vivirá.
Y todo aquel que vive y cree en mí, no morirá
eternamente. ¿Crees esto?».
Y yo le he respondido:

*Dar este mantra 9 veces o en múltiplos de 27 hasta 108.

«Sí, Señor; yo he creído que tú eres el Cristo,
el Hijo de Dios, que has venido al mundo».

¡Une a todos los portadores de Luz de este mundo y
cosmos en el Espíritu de la Gran Hermandad Blanca!
Somos Uno en tu cuerpo místico del Cristo Cósmico.

Mientras yo esté en el mundo,
¡YO SOY la Luz del Mundo!

Om   Om   Om

IV

Helios y Vesta!
¡Helios y Vesta!
¡Helios y Vesta!
¡Que la Luz fluya dentro de mi ser
¡Que la Luz se expanda en el centro de mi corazón!
¡Que la Luz se expanda en el centro de la Tierra
y que la Tierra sea transformada en el Nuevo Día![*]

En el nombre y en los pasos de Jesucristo:
YO SOY un Hijo de Dios
He venido como una Luz para el mundo
Para que el que crea en el Cristo Cósmico
No viva en la oscuridad,
sino que tenga la Luz de la Vida

Mantra: **JESUCRISTO**
Es el mismo ayer y hoy y por los siglos![*]

Somos la Luz del mundo
¡Nuestro Áshram, que está en la colina del Señor Morya El,
no se puede esconder!

*Dar este mantra 9 veces o en múltiplos de 27 hasta 108.

3

Ritual sagrado para armonizarse
con la sagrada Voluntad de Dios

(Diariamente a las 9:00 a.m. o a las 9:00 p.m.)

I

Padre Nuestro, hágase tu Voluntad en nosotros
Enséñanos a amar y a aceptar Tu Voluntad hoy,
mientras en tu más pura Conciencia oramos
Para ser eternamente como Tú.

Dios Padre-Madre Celestial:
¡YO SOY el que armoniza toda mi conciencia,
Ser y mundo con Tu Voluntad!
YO SOY tu Voluntad, que se manifiesta ahora
Así en la tierra como en el cielo.

¡YO SOY el que ha nacido de la Voluntad de Dios!

Todo aquel que haga la Voluntad de Dios
es mi hermano, mi hermana y mi Madre

¡YO SOY guiado por el Espíritu de Dios
YO SOY un Hijo de Dios!

Oh, bendito Espíritu Santo
Intercede por mí y por los santos,
Para que sepamos por qué causa orar;
Intercede por mí y por los santos
de acuerdo con la Voluntad de Dios.

YO SOY el que afirma y acepta con el Espíritu Santo
Que todas las cosas suceden para bien
a los que aman a Dios,
a los que son llamados
de acuerdo con Su propósito
¡Y YO SOY agradecido!

II

Mantra: **Si Dios está de nuestra parte,
¿Quién puede estar en contra?***

Presento mi cuerpo como un sacrificio vivo
santo, aceptable ante Dios,
lo cual es mi servicio razonable.

¡No me amoldaré a este mundo!
Seré transformado por la renovación de mi mente
Para que pueda demostrar cuál es esa buena,
aceptable y perfecta Voluntad de Dios.

YO SOY el siervo de Cristo
que hace la Voluntad de Dios desde el corazón.

Me mantengo perfecto y completo
en toda la Voluntad de Dios

Oh, mi Señor Jesucristo, pido paciencia,
para que después de hacer la Voluntad de Dios
pueda recibir la promesa
de la venida de mi Señor,
mi Santo Ser Crístico.

Ya no viviré el resto de mis días en la carne
para los deseos de los hombres,
sino que viviré para la Voluntad de Dios.

---

*Hacer este mantra nueve veces o en múltiplos de 27 hasta 108.

No amo al mundo
ni las cosas que están en el mundo
porque el mundo pasará y su lujuria:
pero el que haga la Voluntad de Dios vivirá para siempre.

¡Gracias al Amor de Dios, he de vivir por siempre!

III

Instrucción:

Escribe tu propia oración personal a Dios, nuestro SEÑOR; pídele que te dé a conocer Su Voluntad. Pide respuestas a preguntas específicas concernientes a tus planes y proyectos. Invoca la disolución de todos los bloqueos en tu psique, que impiden que te sometas a la Voluntad de Dios. Pide que todos los miembros del Áshram mundial y todos los hijos e hijas del Altísimo puedan recibir, no solo armonización con la Sagrada Voluntad de Dios, sino también el profundo deseo de amarla y obedecerla.

Dirige tu conciencia al ojo espiritual (el tercer ojo) en el centro de la frente y visualiza la luz blanca de la Presencia envolviéndote completamente. Observa cómo tus oraciones reciben respuesta, a medida que la Presencia dirige poderosos y resplandecientes rayos de Luz a través de ti y de todos los que forman el círculo del Áshram; y a través de ellos, a todos los siervos del Cristo vivo en todas partes.

Mantén tu atención centrada en el bello Amor y Perfección que Dios ha colocado en la Creación, mientras observas la santidad de este ritual en profunda meditación sobre la Presencia Crística y en sintonía con el Amor de Cristo. Haz un esfuerzo para estar solo a la hora indicada o con otros que deseen consagrar su corriente de vida a la Voluntad de Dios. Si esto no es posible, recita las oraciones, afirmaciones y mantras en la mente y el corazón, al comulgar silenciosamente con Dios y con el círculo del Áshram. Completa las visualizaciones y séllalas siempre con el Amor Crístico de tu corazón.

IV

Cuando hayas concluido tu meditación, visualiza un poderoso rayo de Luz que sale de tus chakras del tercer ojo y del corazón para manifestar la Voluntad de Dios en situaciones personales y mundiales específicas, mientras recitas los siguientes mantras.

Mantras:

¡YO Estoy despierto!*

¡Oh, mundo despierta!
Sacude Tus seres polvorientos;
purifica y rectifica
para crear nuevas formas de pensar!*

¡He aquí! ¡He venido a hacer Tu Voluntad, oh, Dios!*

No mi voluntad, no mi voluntad, no mi voluntad
sino que se haga la tuya!*

¡La Voluntad de Dios es Buena!*

*

*   *

*

Dulce entrega a nuestro voto sagrado
(Opcional)

Meditación sobre la Llama de Dios:

Nuestra voluntad a Ti te entregamos ahora dulcemente,
Nuestra voluntad sometemos a la Llama de Dios
por siempre,
Que nuestra voluntad pase a ser la Tuya
prometemos dulcemente

---

*Dar este mantra 9 veces o en múltiplos de 27 hasta 108.

Afirmación de la Llama de Dios uniéndose con la llama del corazón:

No hay dolor en la entrega eterna,
Hágase Tu Voluntad, oh, Dios.
Aparta ahora el velo de nuestros corazones.
Haz que nuestras voluntades se unan ahora.

Belleza en Tu propósito,
Júbilo en Tu nombre,
El propósito de la Vida entregado
Respira Tu Llama Sagrada.

La Gracia dentro de Ti entra a raudales
en el saber mortal.
Que otorga a nuestras almas
La cosecha inmortal.

Hágase Tu Voluntad, oh, Dios,
en cada uno de nosotros.
Hágase Tu Voluntad, oh, Dios,
Es un sol viviente.

Concédenos Tu manto,
Tu vestidura de llama viva.
Revela la esencia creativa,
Ven Tú una vez más.

Tu Voluntad es siempre santa,
Tu Voluntad es siempre justa.
Este es mi verdadero propósito.
Esta es mi oración viva:

Ven, ven, ven, oh, Voluntad de Dios,
Infunde dominio a las almas.
Ven, ven, ven, oh, Voluntad de Dios,
Restablece la vida abundante ahora.

Notas del Áshram

Hoy y por toda la eternidad, nosotros a quienes se nos llama para ser las rocas fundadoras del Áshram, como Arriba así abajo, somos personalidades variadas entretejidas como una sola y unidas con los propósitos de la Gran Hermandad Blanca por medio de la unión de Dios y de los Maestros Ascendidos con nuestros estudiantes de todo el mundo.

La fusión de nuestras corrientes de vida crea un Áshram de un orden superior, que proporciona a los peregrinos de paz un puente entre los retiros externos e internos de los adeptos y sus iniciados. Nuestras comunicaciones escritas son el punto de contacto de la Jerarquía entre el Gurú y el chela.

Cada vez que lo consideremos necesario, os las enviaremos, sin título ni fecha, con su cualidad eterna y anónima y con el sencillo título: «Notas del Áshram». Para una fácil referencia, podéis optar por guardarlas en un cuaderno. Deseamos evitar la forma en el trabajo que no tiene forma y sabréis a qué nos referimos.

Sabed que, en el establecimiento de este edificio espiritual, que es para Dios (con permiso) humildemente llamaré mi Áshram, habéis sido puestos a prueba y elegidos. Debéis saber que vuestro verdadero trabajo comenzará pronto. Trabajaremos juntos para el Señor.

La razón principal para la fundación de este Áshram es

para conectar corazones de todo el mundo en un ritual de meditaciones grupales programadas. Aunque estemos separados por el tiempo y el espacio, todos nos hemos de encontrar en una unión de conciencia, mientras trabajamos y nos esforzamos juntos para dar nacimiento a nuestro Áshram para Dios.

El trabajo que nos ha confiado el Infinito es sublime. Santificado por medio de la cadena de la Jerarquía, que se compara con la responsabilidad dada a los caballeros del Santo Grial y a los Caballeros Templarios.

Vosotros, a quienes se os ha encomendado proteger el trabajo de la Hermandad aquí abajo, no debéis hablar del Áshram a los que no tienen inclinaciones espirituales. No le dimos el patrocinio a esta actividad hasta que se volvió a enseñar al amanuense la importancia del silencio.

El lema de la Gran Hermandad Blanca y, por tanto, de nuestra santa orden, es: ¡Saber, Osar, Hacer y Callar! El último es tal vez el más importante.

No se os exige ningún juramento; vuestra alma conoce su propio decreto divino. Sois elegidos. Sois hermanos leales. También conocéis las aflicciones del fracaso.

Utilizad fielmente el «Ritual del Gran Sol Central» todos los días a la salida o a la puesta del sol de acuerdo con vuestro horario. Utilizad el «Ritual para armonizarse con la Sagrada Voluntad de Dios» diariamente a las 9 de la mañana o a las 9 de la noche; y el «Ritual unísono» el primer y tercer domingos a las 9:30 de la noche. Y utilizad los tres tantas veces como queráis.

Manteneos puros. Sois hijos de las huestes celestiales.

Bendiciones eternas,

3

Notas del Áshram

Como algunos de vosotros sabéis, este escriba se ha retirado a un segundo plano por una temporada. Solo Dios sabe por cuánto tiempo continuará esto.

A pesar de ello, la Luz Crística se irradiará desde este grupo central del Áshram sin interrupción; porque, el Gran Creador está por encima de todas las circunstancias. Y debemos aceptar nuestro destino humildemente, al saber que tenemos un llamado santo proveniente del Altísimo que debe protegerse.

Estas Notas del Áshram siguen siendo el punto de contacto con la Jerarquía y con el rayo de su disciplina. Y por nuestra parte, hemos ofrecido las pequeñas llamas de nuestra vida en el altar de la mayor llama de Dios, al servicio del Maestro y de aquellos que aspiran a ser sus chelas.

Puede que soplen los vientos de la traición. Puede que Ismael ataque a Isaac con su risa. No debemos tomar parte en las habladurías, sin importar lo que se diga acerca de nosotros o de cualquier persona en el Áshram. Es bueno que no participemos en ello por escrito ni lo hablemos y ni siquiera lo pensemos.

Como dijo Jesús:

> Pero sea vuestro hablar: Sí, sí; no, no; porque lo que es más de esto, de mal procede.

Oísteis que fue dicho: Ojo por ojo, y diente por diente. Pero yo os digo: No resistáis al que es malo; antes, a cualquiera que te hiera en la mejilla derecha, vuélvele también la otra.

¡Cuán lejos estaríamos de manifestar una vida Crística, si no aplicáramos la catarsis del Amor en toda área de nuestra conciencia!

Abogo por el perdón compasivo hacia cualquier persona que nos haya hecho algún mal. ¡Olvidad el pasado! Volveos hacia Cristo, al pensar, al hablar y al escribir sobre Él guiado por la sabiduría; o guardad silencio, aun cuando enviéis la bendición de cortesía de mano en mano, de corazón a corazón. *Sed siempre amables.* Que nadie trastorne vuestra paz mientras vivís vuestra vida dedicada a Él.

Nosotros, que componemos este Áshram debemos aplicar el proceso purificador del Cristo y de su poder de resurrección, para nuestra liberación del error pasado. Acosados por las flechas de la Oscuridad que han provocado nuestras actividades en favor de la Luz, nosotros como colaboradores en la viña del Padre, debemos ponernos toda la armadura de Dios para poder resistir en el día del maligno; y en el día de nuestro karma, al haber hecho todo, resistir.

También, a través de nuestros periodos de meditación, la Luz nos está elevando a un estado de éxtasis espiritual. Mientras dejamos a un lado nuestra propia carga, entregados a nuestro servicio hacia Él, no olvidemos la carga de la humanidad. Es nuestra responsabilidad actuar siempre como conductos para la Jerarquía y para Cristo.

Algunos piensan que no existe más que gozo en los niveles que los hermanos y hermanas ocupamos. Dicha, sí; pero, también tensión y la carga de la mirada cansada sobre nuestros esfuerzos.

A veces las tensiones creativas nos llevan al punto de paz. Los archivos de la Hermandad registran el amor desinteresado de los viajeros anteriores. El fíat de este momento es vuestro: convertiros en una coordenada para los imanes superiores, quienes habrán de apartar a los hombres de Satanás para atraerlos hacia Dios.

Mi instrucción puede parecer lenta; sin embargo, en siglos pasados, los planes y proyectos de la Hermandad han dado frutos como un grano maduro. Y ahora, como un torbellino se acaba de formar este Áshram. Su manifestación está confinada a nuestra vida, nuestras meditaciones y estos contactos.

Si logramos manifestar el patrón formado en los cielos, el Altísimo ha prometido que, a medida que Le entreguemos nuestra voluntad y Le abramos las puertas, dejará que la sagrada luz de Ur de los caldeos brille otra vez en este plano. Y que el Áshram de poder espiritual se ha de conocer como un templo de los misterios sagrados, si cada uno de nosotros solo decimos en nuestro templo: «¡Hágase Tu Voluntad!»

Nuestro cuerpo puede hospedar conscientemente al Infinito.

Pues el Ser Infinito lo ha diseñado para que sea su morada.

Conscientes del Cristo, Adán se ha de atenuar a través de la transformación. . .

Bendiciones eternas,

Mark

4

Notas del Áshram

Oh, amados hermanos, ¿vamos a decir que no amamos?
Dios lo sabe.

Pero ¿qué es mejor que amemos? ¿un recipiente de arcilla
cuyo contenido es fuego y paja, pero el fuego no alcanza para
prender la paja?

No; habré de esperar un breve momento. El calor agrieta
un poco la pared. El aire entra precipitadamente y aviva la
llama. La paja se consume. El fuego arde en el altar de arcilla.
Llena toda la morada ¡hasta que la arcilla se convierte en oro!

Esto es lo que amaré.

Así es todo aquel que nace del Espíritu.

Maitreya espera que se levante nuestro estandarte ashrá-
mico. Está desplegado. Así está escrito: *La Madre del Mundo
está llegando.* Porque el honor de nuestro sonido es alto y
claro: es para ella que ama a todos, cuya compasión ha tes-
tificado el Altísimo.

Levantad los ojos hacia los cielos oscuros salpicados de
llama viviente. Recordad que la Misa de Cristo es eterna, no
necesita de ninguna época del año; tampoco la paz y la buena voluntad lo necesitan. Fortaleced sus huestes. Que todos
vuestros pensamientos sean sobre lo Bueno y lo Hermoso.

Reunid a las estrellas que brillan en Dios y a la luz de la luna que se refleja en el agua. *Observad* el surgimiento de todo lo que es bueno y hermoso en la conciencia del hombre. Unid la Luz del Hijo, las suaves, blancas y onduladas nubes de Su Venida y los vientos que soplan ligeramente en las flores, mientras los niños ríen, juegan y disfrutan en los brazos protectores y amorosos de Dios.

Comprended el significado de la Cosecha. Juntad lo Bueno y lo Bello con los ángeles de Dios, al saber que ellos necesitan de vuestra conciencia transformadora en acción para llenar el aire con la canción del SEÑOR.

Él está cabalgando su caballo blanco. Cabalga entre los hombres en la actualidad, el Cristo redentor con su túnica empapada en sangre y con su nombre: la Palabra de Dios, el Rey de reyes y Señor de señores.

Llenad vuestra conciencia con la compasión del amoroso Cristo vivo. Vedlo en los ancianos, en los cansados, en los pobres, en los bebés y en los padres luchadores. Vedlo en todas partes en el corazón de los fieles y verdaderos.

Reunid estos pensamientos.

Aquellos de vosotros que os reunisteis en nuestro último encuentro en la Costa Este, recordaréis nuestro discurso sobre la radiación. Os daré otra lección.

Primero juntad los pensamientos. Después, fijad la conciencia simultáneamente en el ojo de luz (el chakra del tercer ojo), en el corazón (el chakra del corazón) y en el lugar del sol (el plexo solar).

Luego, determinad por medio de la visión del ojo único, por medio de la sabiduría Crística y del amor Crístico centrado en el corazón, que utilizaréis toda vuestra voluntad multiplicada por la voluntad de Dios (la voluntad macrocósmica) detrás de vuestra voluntad, en el ritual creativo de la siembra y la cosecha.

Tenéis el objetivo de que los pensamientos buenos y hermosos de vuestra cosecha fluyan como olas a través del chakra del plexo solar y se muevan a través de los continentes y los universos.

Porque está escrito: «El que cree en mí, como dice la Escritura, de su interior (de su plexo solar) correrán ríos de agua viva».

Finalmente, determinad que Dios hará permanentes estos pensamientos, con el fin de que sirvan a los hijos de la nueva era y ayuden a preparar la conciencia de la gente para la venida de la Madre Divina.

Pues os digo: *si mantenemos nuestra paz* en el lugar «del sol», ¡las piedras mismas *clamarán*!

Que todos nos purifiquemos, si así lo deseamos.

Por favor, comprended que vuestra devoción es hacia Dios. Lo que decimos aquí es un fíat que viene de lo alto para que vuestro corazón dispuesto lo acepte o lo rechace. No aceptéis nada, a menos que lo hagáis con libertad. No deis nada, a menos que lo hagáis libremente. Nuestras directivas están sujetas a vuestro libre albedrío. Repetimos: ¡haced lo que deseéis!

Purificados de un falso yo y de los venenos del egoísmo: celos, avaricia, lujuria, ambivalencia y lucha, levantémonos como conciliadores entre la carne y el espíritu. Y que seamos uno en el Señor Justicia Nuestra, que es el Pacificador y Mediador de nuestra alma ante el trono de gracia.

¡Derrumbad el muro de división, junto con la creación y la conciencia humana que lo creó!

El Señor que viene, nuestro Cristo, es nuestra paz. La

anticipación del descenso repentino del Señor Cristo en nuestro templo es nuestra paz. Esperamos en el Señor. Sin él, no existe una paz verdadera. Su paz es una espada que elimina toda lucha interna y la guerra en nuestros miembros.

Paz, paz, paz sea con vosotros.

Bendiciones eternas,

5

Notas del Ashram

Oh, amoroso corazón

Oh, amoroso corazón,
    de cuya generosidad fluye
    nuestro torrente de bendiciones...
Tú eres Vida y Amor y acaricias
    a todas las almas tiernas con tu propia llama.

Oh, amoroso corazón,
    ayúdanos a ver
    la Fuente de donde viene nuestra totalidad,
Oh, amoroso corazón,
    enseña a tu niño errante a conocer
    el significado de tu cuidado
    en cada momento de tu tiempo.
Hasta que, unidos contigo, veamos
    que tu cuidado por todos es siempre franco
Y pulido con un destello de fuego
    en tu amoroso corazón,
    que nuestro cáliz pueda ser como el tuyo para siempre
    ¡Oh, amoroso corazón!*

---

*N.B. Este poema puede recitarse como una oración en el *Ritual para la purificación del alma*.

Cuando la primavera está en proceso de formación, es bueno dejar que la conciencia habite en lo Bueno y en lo Hermoso. Pensad en cómo la Madre del Mundo despliega una alfombra verde, sobre todo, el verde curativo que se encuentra con el cielo azul diamantino y así disfrutan de la pura sabiduría dorada del sol.

La transformación debería ser la meta de la conciencia Crística manifestada en cada individuo. No habitéis en las cosas pequeñas del yo finito. Cada uno de vosotros, al leer esto debéis daros cuenta de que en vuestro Ser Real *sois un mahatma;* y como tal os saludo.

Sí, hablamos de adecuación de los objetivos. Enviamos el Llamado. De la misma forma, llamadnos cuando nos necesitéis:

Hermanos, orad por mí para que no caiga.

¡Oh, que yo aprenda a amar a mi Dios con todo mi corazón! No puedo negarte, Oh Amado, tú que me has bendecido tan abundantemente con tu Santa Presencia. Oh, mi Dios, mi Gurú, ¡entra hoy en mi templo!

El Áshram es una torre de vigilancia verdadera, invisible, pero poderosa. Que la luz y la compasión fluyan al mundo; que muchos sean redimidos.

«Corro, no tan inseguro; de esta manera peleo, no como quien golpea el aire», era el pensamiento de un gran santo. «Esfuérzate por obtener maestría; mantén el cuerpo y el alma sometidos al Gran Legislador; no seas un náufrago», se recordaba a sí mismo.

La gloria de la resurrección y de la ascensión vienen de los Getsemaní y las crucifixiones. Recordad la parábola de las vírgenes prudentes y las insensatas y del aceite que era necesario para sus lámparas. Que tengamos aceite en nuestras lámparas. Porque el Novio viene.

Los períodos de meditación están dando frutos. Surge en los participantes un carácter más Crístico, que desplaza las debilidades de la personalidad exterior. Llegar a ser más como el Cristo, a medida que cumplimos el ritual de nuestras meditaciones, significa representar y permanecer en la conciencia ashrámica.

Encarnaremos una Luz más plena que la que hayan soñado los que viven en la Tierra.

Debemos prepararnos para estar en la presencia de esta Luz. No es terrenal; sin embargo, la Tierra se ha de elevar por ella y perduraremos. El calor de la Llama se consumiría sin la luz. Es la Luz la que enfría y transmuta. La Llama hace las cosas maleables ¡la Luz las transforma!

Practicad los mantras que aquí os damos para alcanzar una catarsis en preparación hacia una unión superior con los rayos sagrados. *Observad* cómo la acción de vuestras palabras se manifiesta ante vuestros ojos. Poned en práctica la armonización del yo externo con el Yo Interno.

Preparad al alma para la fusión con Dios.

Producid en vuestros siete chakras la luz blanca del arco iris del Señor. Llenad toda la casa con esta luz blanca. Este es el rayo preparatorio, por medio del cual se os probará en el servicio a los Maestros y vuestras corrientes de vida con el tiempo se han de utilizar para la redención de la humanidad.

Preparaos para la batalla, pero también servid a los guerreros divinos. ¡Salve, Arjuna! Salve, ¡Oh, Señor Krishna, nuestro Guía Divino!

Haced el «Ritual para la purificación del alma» que aquí adjuntamos, antes de ir a dormir o cuando seáis guiados por Dios.

*   *   *

Proveniente de un Áshram para Dios, viene el mensaje de un amado Hermano que ha ocupado un alto cargo espiritual durante mucho tiempo. Me inclino ante el hierofante y amigo de Cristo: Koot Hoomi Lal Singh.

¡Saludos en la Luz!

Las armonías de los Áshram tienen una relación semejante a las leyes de la música. Porque las leyes de la armonía aplicadas por los músicos no son sino reflejos de las leyes melódicas superiores; y la perfección tonal de las armonías infinitas que emanan de la Luz es la representación sonora de la Ley, que mantiene unidos a los átomos de la creación.

El amor es el diapasón maestro de toda vida. Tengo la esperanza de que vuestro Áshram mundial se armonice con el Amor. Entonces estaréis a salvo. Porque caminaréis por la rueda infinita de luz, color y sonido en la conciencia interna del Uno y de los que se han convertido en Hermanos en todos los planos.

Vuestro Áshram será para Dios, mientras os entreguéis a él. Caminad en la Luz hacia el rayo y sonido del OM.

K. H.

Sabemos que todos los que están en nuestro círculo de meditación están recibiendo bendiciones. Nos damos cuenta de que las obligaciones espirituales y mundanas a veces impiden que participéis en nuestros rituales. Todos están presentes en algunos puntos de contacto y en otros no. Cada vez que sea posible, esforzaos por estar y permanecer sintonizados, incluso mientras cumplís con vuestras obligaciones.

Que los rayos del Amor Divino penetren cada poro de vuestro ser e irradien nueva vida al interior de la comunidad al difundir el mensaje de primavera por todas partes.

Bendiciones eternas,

4

Ritual Sagrado para la purificación del alma
(Antes de ir a dormir)

I

¡Luz Infinitat!

¡Luz Infinita!
Resplandece ahora en la cueva del ser,
¡lléname completamente de Luz!

¡Luz Infinita!
¡Que resalten las sombras, se acerquen amenazantes y se
disipen rápidamente ante los estallidos de Tu Luz!

¡Luz Infinita!
YO SOY uno con Dios y la Luz
¡Toda la oscuridad huye ante Tu santa Luz!

¡Luz Infinita
Huye lujuria! ¡Huye avaricia! ¡Huyan los celos! ¡Huye
odio! ¡Huye egoísmo! ¡Huye pereza! ¡Huye crueldad!
¡Huyan *todos* los dolores! ¡Huyan *todas* las heridas!

¡Huye todo pensamiento inferior a la Luz!
¡Huye todo sentimiento inferior a la Luz!
¡Huye todo motivo inferior a la Luz!
¡Huye toda palabra y acción inferior a la Luz!

II

¡Ven!

¡Oh, pureza Crística, ven!
Fluye a mí y de mí
Amor, desinterés,
ambición piadosa y bondad hacia todos,

¡Ven!

¡Seré como el Cristo!

En el nombre del Padre
¡Seré como el Cristo!
En el nombre del Hijo
¡Seré como el Cristo!
En el nombre del Espíritu Santo
¡Seré como el Cristo!
En el nombre de la Madre del Mundo
¡Seré como el Cristo!

¡Lléname, oh, Cristo, Tú, Luz del mundo!
¡Lléname, oh, Cristo, Tú, Luz del mundo!
¡Lléname, oh, Cristo, Tú, ¡Luz del mundo!

III

¡Engrandece mi alma al Señor!*

¡Y mi espíritu se regocija en Dios mi Salvador!*

---

*Hacer este mantra nueve veces o en múltiplos de 27 hasta 108.

(Sección opcional)

IV

Oración para despertar mi alma

Mira a través de mi alma, oh, Cristo Divino.
　　Que Tu fuego ahora purifique mi mundo.
Mira a través de mi corazón, oh, «YO SOY» en mí,
　　Líbrame de deseos erróneos.

Estribillo:
　　Amorosamente ahora Te espero
　　con alegría, oh, Dios,
　　para ver Tu Voluntad.
　　Elévame hacia Ti, ilumíname
　　Espíritu Divino.

Mira a través de mis ojos, oh, Luz de la Verdad.
　　Enséñame Tu ley, eterna juventud.
Pon en mis manos Tu maravillosa llave
　　que me abrirá la puerta.

Habla y mis oídos escucharán Tu voz
　　coros angélicos se regocijan conmigo.
Guía ahora mis pasos, no me dejes vagar más
　　lejos de ese sendero que conduce al Hogar.

El Salmo veintitrés
Un salmo de David

El SEÑOR es mi Pastor;
    nada me faltará.
En lugares de delicados pastos me hará descansar;
    junto a aguas de reposo me pastoreará.
Confortará mi alma; me guiará por sendas de justicia
    por amor de su nombre.
Aunque ande en valle de sombra de muerte,
    no temeré mal alguno, porque Tú estarás conmigo;
    Tu vara y Tu cayado me infundirán aliento.
Aderezas mesa delante de mí en presencia de mis
    angustiadores; unges mi cabeza con aceite;
    mi copa está rebosando.
Ciertamente el bien y la misericordia me seguirán todos
    los días de mi vida; y en la casa del SEÑOR moraré
    por largos días.

6

Notas del Ashram

La hora propicia para dar el «Ritual Sagrado para el Transporte y la Labor Sagrada» aquí adjunto es justo antes de que os vayáis a dormir, cuando el puente al infinito está bajando, los eventos mundanos del día se atenúan y el alma se prepara para unirse con la omnipresencia de Dios.

El propósito de este ritual es el de ayudaros a realizar una labor sagrada y poderosa para la humanidad durante las horas de reposo, después de plegar por un tiempo la tienda corporal, de manera que podáis residir de una forma más consciente en la casa del Infinito.

Que estas horas de descanso corporal sean de libertad para la actividad de vuestra alma en las octavas de Luz, cuando está libre de la prisión de la forma física, mental y de las limitaciones del ego; y así con ello, podáis ayudar a las almas afines, que se esfuerzan por escapar de los efectos cíclicos y del retorno del karma negativo.

A medida que viajáis fuera del cuerpo, que vuestro escudo sea el YO SOY EL QUE YO SOY, el Omnipotente, que está continuamente irradiando la Voluntad Divina, que es el latido del corazón del Universo.

Bajo la protección del Arcángel Miguel y de sus legiones que realicéis la Voluntad Divina en todas partes de este planeta y que hagáis lo que vuestro ego inferior nunca podría hacer en la prisión de su cuerpo: ayudar a llevar el mensaje de la conciencia del Cristo Universal a las almas de todas las condiciones sociales: a todas las naciones, tribus, pueblos y lenguas». Y a través de vuestra asistencia amorosa todos los ojos lo *podrán contemplar.*

Dentro del área de desempeño de este Áshram, ministramos a las almas de la tierra como Seres Crísticos.* Porque, incluso Cristo, durante los tres días de su sepultura, predicó sin el cuerpo[†] a las almas que no se habían liberado todavía de la prisión astral forjada por su karma atlante.

Vosotros también podéis elevaros libremente en conciencia Crística durante estos días de vuestra estancia en el sepulcro de la materia; podéis vestir las túnicas blancas de vuestra rectitud y, de esta manera, utilizar el cuerpo etérico que Dios os dio como vehículo para expresar prematuramente las vibraciones de la era y raza venideras.

¡Vuestro trabajo es el de los pioneros, aunque haya habido otros que os precedieron! Los pioneros que iluminaron el universo: Cristo y Krishna, se quedan para ayudaros y mostraros el camino.

Que por medio de nuestros esfuerzos muchos viajen con humildad al pesebre de su corazón y se arrodillen ante el Hijo Varón nacido de la Madre Divina. Que crezcan junto con él hasta la adolescencia para disertar y desenmascarar a los doctores del mundo en los templos de religión; y para que maduren hasta su divinidad a través de las tentaciones y aflicciones.

---

*La palabra *Cristo* se deriva del griego *Christos,* que significa «ungido»; por lo tanto, los Crísticos son los «ungidos».

†*fuera del cuerpo.* Fuera de su cuerpo físico, el espíritu de nuestro Señor descendió al plano astral; como se dice en el Credo de los Apóstoles, «Descendió a los infiernos».

Y que puedan llegar al lugar donde «el mayor de la Tierra nacido de mujer», Juan Bautista de su propia individualidad mental y física, otorga la autoridad al Hijo de Dios, bautiza y unge a ese Cristo que ha llegado a la madurez en ellos.

Que el yo instruido, de rodillas, se proclame indigno de desatar los lazos del alma Crística y en su lugar clame al Cristo ahora elevado al sanctasanctórum. Y que el ego humano se incline ante el Señor de señores y que el Ego Divino triunfe sobre la materia.

Que a su debido tiempo, muchos comiencen sus misiones individuales, al proclamar al Uno Infinito como Señor de la Vida. Que estén dispuestos a ser crucificados en la cruz del cuerpo de los deseos, para no solo morir a diario con él, sino también para vivir diariamente en su conciencia, hasta que el poder de su resurrección se eleve por la raíz, el tallo y la flor del yo.

Entonces se erguirán con supremacía, uno por uno, solos en el campo de batalla victoriosos sobre todas las cosas, conquistadores del yo, uno con el Ser Divino. Absorbidos por esta Conciencia Superior y después esparcidos desde la cima de la montaña como en una nube de gloria vendrán de la misma manera, mediante el decreto del YO SOY EL QUE YO SOY, el Paramatmán,* o Atmán Supremo, uno para siempre, mientras los eones transcurren cíclicamente y la paz absoluta reina, sobre todo.

Estamos comprometidos al sublime y santo propósito de este Áshram: la diseminación del mensaje del Cristo Interno, el despertar y el fortalecimiento de todas las Hermandades de Luz y de todos sus verdaderos iniciados, la dispersión de

*Paramatmán [sánscrito, param, «supremo»; atmán, «Espíritu» o «Ser», es decir, la esencia interior del universo o del hombre que es uno con Brahmán]: en el hinduismo, el Ser o Espíritu supremo; Dios; Brahmán.

la Oscuridad por parte de la Luz y el alivio de la tristeza por medio de la alegría.

Seguiremos con las tradiciones más nobles de la Gran Hermandad Blanca, con el conocimiento seguro de que nuestro Dios no será burlado ¡como sembremos, así cosecharemos! Y Dios, que es leal, nos ayudará a los que trabajamos fielmente por Él.

Con esta noble dedicación, sigamos adelante confiados en el Señor, quien nos elevará como sus siervos en esta labor sagrada. A aquellos que llevaron el mensaje hace mucho tiempo, Pablo les dijo:

> Pues mirad, hermanos, vuestra vocación, que no sois muchos sabios según la carne, ni muchos poderosos, ni muchos nobles; sino que lo necio del mundo escogió Dios, para avergonzar a los sabios; y lo débil del mundo escogió Dios, para avergonzar a lo fuerte; y lo vil del mundo y lo menospreciado escogió Dios, y lo que no es, para deshacer lo que es, a fin de que nadie se jacte en su presencia.

> Mas por él estáis vosotros en Cristo Jesús, el cual nos ha sido hecho por Dios sabiduría, justificación, santificación y redención; para que, como está escrito: El que se gloría, gloríese en el SEÑOR.

Sepamos que, ante nosotros, guiándonos en la difusión del Amor profundo está el Cristo, la *Lux Regius*, nuestro Santo Hermano Jesús, cuyo ministerio galileo sentó las bases de su obra sobre la que debemos construir hoy.

Con sus legiones al frente, su mantra resuena con claridad: «¡He aquí! el YO SOY EL QUE YO SOY en mí está siempre con vosotros hasta el fin de la era de Piscis»; él llama nuestra alma y respondemos alistados al servicio del Rey.

Con la bendición más profunda, os confío este «Ritual Sagrado para el transporte y la labor sagrada» a vuestro cuidado.

Eternamente,

5

Ritual Sagrado para el Transporte y la Labor Sagrada
(Antes de ir a dormir)

I

Mantras para aquietar los cuatro cuerpos inferiores

«Bienaventurados los pacificadores
porque ellos serán llamados hijos de Dios».

«La Paz os dejo, mi Paz os doy».
Jesús

Ángeles de la Paz
Elohim de la Paz
Sellad mis cuatro cuerpos inferiores
Eliminad todas las barreras
que impiden que mi alma refleje de forma radiante
y plena,
mi poderosa Presencia YO SOY
y Santo Yo Crístico
para la gloria de Dios

¡En la Presencia que ordena la paz
del Cristo Cósmico!
En el nombre de Jesucristo
Ordeno a mis cuatro cuerpos inferiores:

Mantras:

¡Paz, aquiétate!*
Aquiétate y sabe que YO SOY Dios*
¡Seré exaltado en los cielos!
¡Seré exaltado en la tierra!

El Señor Dios de los Ejércitos está con nosotros
Él es nuestro refugio y fortaleza
un pronto auxilio en las tribulaciones.

Tú, Anciano de Días, mi Señor Sanat Kumara, Gran Gurú de Luz, Vida, Amor y Santa Sabiduría; Tú que eres nuestro patrocinador para el rescate de todos los hijos y portadores de Luz, por los siglos de los siglos: me inclino ante la llama Divina en ti, con gratitud por Tu Presencia en el universo y te agradezco a ti y a tus legiones de ángeles, que nos protegen y defienden en Armagedón.

Quédate conmigo esta noche mientras salgo a realizar la labor sagrada que me has asignado. Transporta mi alma sin peligro desde mi morada hasta mi destino y en el camino de regreso. Al servicio del Rey de reyes y Señor de señores, sigo fiel a mis votos ante ti en el principio y el fin de mi permanencia en este universo de la Materia. Amén.

II

Oración para el perdón

Consciente de la advertencia: «no se ponga el sol sobre vuestro enojo», pondré mi casa en orden antes de empezar mi «Ritual Sagrado para el Transporte y la Labor Sagrada».

Oh, Cristo y Krishna, perdono con gozo a todo aquel que me ha hecho daño. Perdono con gozo a todos los que hayan deseado alguna vez hacerme daño en el pasado, en el presente o en el futuro.

---

*Hacer este mantra nueve veces o en múltiplos de 27 hasta 108.

En el YO SOY EL QUE YO SOY, me elevo sobre todo daño y afirmo que Cristo en mí es el Ser Inofensivo y declaro que el Amor Divino es supremo y debe desearse por encima de todos los deseos.

Multiplicad en mi alma el imperecedero amor a Dios, a la Vida, a la Luz, a la Verdad, al Amor y a la creación de los Elohim. Enseñadme a corregir las equivocaciones, a deshacer las creaciones erróneas que he hecho por ignorancia o por desobediencia voluntaria a vuestra Gran Ley. Retirad vuestras energías sagradas de mis malas creaciones mediante el Imán del Gran Sol Central. Desmagnetizad y transmutad estas energías y volved a consagrarlas a vuestras creaciones perfectas, que pido se produzcan a través de mí y de todos los portadores de Luz.

Al recordar las palabras de nuestro Señor: «Porque si perdonáis a los hombres sus ofensas, os perdonará también a vosotros vuestro Padre celestial; más si no perdonáis a los hombres sus ofensas, tampoco vuestro Padre os perdonará vuestras ofensas», yo rezo:

En el nombre del Padre, del Hijo y del Espíritu Santo, invoco el perdón para mí por todos los errores que he cometido alguna vez contra la vida; y perdono a todos los que han cometido errores contra mí; e invoco para ellos la ley del perdón.

Mantra:

YO SOY el perdón aquí actuando,
arrojando las dudas y los temores,
la Victoria Cósmica despliega sus alas
liberando por siempre a todos los hombres.
YO SOY quien invoca con pleno poder
en todo momento la ley del Perdón;
a toda la vida y en todo lugar
inundo con la Gracia del Perdón.*

*Dar este mantra 9 veces o en múltiplos de 27 a 108.

Mantras para la Intercesión de Kuan Yin, la Diosa de la Misericordia

NA-MO   KUAN   SHIH   YIN   P'U-SA*
NAH-MO   GWAN   SHE(R)   EEN   POO-SAH

¡Salve! (Homenaje al sagrado nombre de
la Bodhisatva Kuan Shih Yin)

CHIU   K'U   CHIU   NAN   P'U-SA   LAI*
JEE OH   KOO   JEE OH   NAHN   POO-SAH   LYE

¡Sálvanos del sufrimiento, sálvanos de la calamidad,
Bodhisatva, ven!

III

Promesa a Cristo y a Krishna

En el nombre YO SOY EL QUE YO SOY, me inclino ante
la estrella polar de mi ser, la gran Presencia Divina. Como
miembro del Áshram de El Morya, declaro que mi meta
eterna es el Dios Padre-Madre y que mi Hogar es el Gran
Sol Central.

A través de Cristo y Krishna, trazo mi curso por libre
albedrío a través de estas esferas de la Materia, con sabiduría
y obediencia amorosa a tus leyes. Por tu gracia, YO SOY el
que sigue el sendero de justicia que me lleva a ti. Porque por
Tu gracia YO SOY un ser Crístico.

Y este es mi decreto divino, pronunciado inalterablemente
en el nombre de Jesús, el Hijo de Dios y del Señor Krishna.
Lo digo hoy y lo renuevo cada día a través de mi determina-
ción, guiada por mi alma, para servir a mi Dios de Vida, Luz,
Verdad y Amor. Así sea.

Prometo y ofrezco a Cristo y a Krishna mi persona, las facultades y los vehículos de mi alma y todo lo que soy y por siempre seré. Prometo servir a todos los portadores de Luz del mundo, tal como Dios y la Jerarquía lo indiquen, para que puedan desprenderse del capullo de la ignorancia y despertar a su poderosa Presencia YO SOY y Santo Ser Crístico y a nuestro ministerio conjunto en la Luz. Tómame, úsame, asimílame, oh, Dios de Vida, Luz, Verdad y Amor.

Prometo enemistad perpetua con los cinco venenos y pido a los Cinco Dhyani Budas ese don específico de sabiduría, que es el antídoto contra estos venenos.

En nombre de todos
los Hijos de Dios, digo:

OM VAIROCHANA OM!
Inúndanos con toda
la sabiduría omnipenetrante del Dharmakaya,
mi Poderosa Presencia YO SOY.
¡Mediante tu fuego sagrado consume en mí
el veneno de la ignorancia!

OM AKSHOBHYA HUM!
Inúndanos con sabiduría reflectante.
¡Mediante tu fuego sagrado consume en mí
el veneno de toda la ira, el odio y la creación del odio!

OM RATNASAMBHAVA TRAM!
Inúndanos con la sabiduría de la igualdad.
¡Mediante tu fuego sagrado consume en mí
el veneno del orgullo espiritual, intelectual y humano!

Om Amitabha Hrih!
Inúndanos con la sabiduría discriminadora.
¡Mediante tu fuego sagrado consume en mí
el veneno de las pasiones:
todo deseo, codicia, avaricia y lujuria!

Om Amoghasiddhi Ah!
Inúndanos con la sabiduría que todo lo logra,
la sabiduría de la acción perfeccionada.
¡Mediante tu fuego sagrado consume en mí
los venenos de la envidia y los celos!

Om Vajrasattva Hum!
Inúndanos con la sabiduría
de la Voluntad Diamantina de Dios
¡Mediante tu fuego sagrado consume en mí
los venenos de la falta de voluntad y de identidad:
temor, duda, falta de fe en Dios, el Gran Gurú!

¡Ven Vairochana! ¡Ven Akshobhya!
¡Ven Ratnasambhava!
¡Ven Amitabha! ¡Ven Amoghasiddhi!
¡Ven Vajrasattva!

Om Hum Tram Hrih Ah Hum

Ommmmmmmmmmmmmmmm

Padre, que las vibraciones divinas de tu Palabra se encaucen a las octavas físicas a través de mi voz, elevada en oración y adoración a Tu nombre YO SOY EL QUE YO SOY. OM. Que tu Palabra pueda cumplir Tu decreto divino en mí; y que mi alma pueda salir esta noche a realizar lo que mi libre albedrío, en obediencia a tu Voluntad, tu Amor y tu Sabiduría ha decretado y lo que mi voz y corazón han dicho. Amén.

IV

Oración y visualización
para el transporte y la labor sagrada

Padre, en Tus manos encomiendo mi espíritu.

Oh, alma mía, elevémonos de nuestra morada.

Poderosa Presencia YO SOY y Santo Ser Crístico, con el Arcángel Miguel y un cordón de ángeles de relámpago azul, transporta mi alma vestida con mis cuerpos más sutiles, completamente equipada con la armadura de Dios, al lugar designado para mi labor sagrada esta noche. Escóltame, instrúyeme, guíame y protégeme, a mí y a todos los consiervos; te lo pido ahora y siempre, mientras servimos para liberar a toda la vida en la Tierra.

El Señor es mi Guardador

Alzaré mis ojos a los montes,
de donde vendrá mi socorro.
Mi socorro viene del Señor,
el YO SOY EL QUE YO SOY,
que hizo los cielos y la tierra.
No dará mi pie al resbaladero,
Ni se dormirá el que me guarda.
He aquí, no se adormecerá ni dormirá
el que guarda a Israel.
El Señor es mi Guardador;
el Señor, mi Poderosa Presencia YO SOY
es mi sombra a mi mano derecha.
El sol no me fatigará de día,
ni la luna de noche.

El Señor me guardará de todo mal;
Él guardará mi alma.
El Señor guardará mi salida y mi entrada
desde ahora y para siempre.

Mantras:

¡San Miguel delante,
San Miguel detrás,
San Miguel a la derecha,
San Miguel a la izquierda,
San Miguel arriba,
San Miguel abajo,
San Miguel, San Miguel dondequiera que voy!
¡YO SOY su Amor protegiendo aquí!
¡YO SOY su Amor protegiendo aquí!
¡YO SOY su Amor protegiendo aquí!*

**En el nombre del Arcángel Miguel:
¡El mal no es real y su manifestación no tiene poder!***

Instrucción:

Si sabes a dónde vas a realizar tu labor sagrada, en primer lugar, señala en el globo terráqueo el lugar donde estás y luego el lugar a dónde vas a ir. Traza con el dedo índice una ruta directa desde tu casa o desde el lugar donde estés, hasta el obelisco del Monumento a Washington en Washington, D.C. (38°54' N, 77°01' O). En el monumento, que es un foco de los Maestros Ascendidos, te encontrarás con los hermanos y hermanas que trabajan en el Áshram. Desde este punto de focalización útil, nuestros directores espirituales, los Maestros Ascendidos, guiarán a tu grupo al lugar asignado para la sagrada labor nocturna que te espera. Si conoces tu destino de antemano, traza en el globo una ruta directa desde el Monumento a Washington hasta ese destino.

Durante períodos de tensión mundial, en cualquier lugar en la Tierra, usa este ejercicio para transportar tu alma a la zona de tensión, dondequiera que esté, para atender a los necesitados. Traza siempre tu

*Hacer este mantra nueve veces o en múltiplos de 27 hasta 108.

ruta en el globo, que en primer lugar va directamente al Monumento a Washington. Esto ayudará a grabar en tu conciencia la meta. Luego prosigue, con los consiervos que se han reunido allí, hacia la tarea coordinada.

Si no estás seguro de tu destino final, ten la certeza de que se te dirigirá desde los niveles internos. Es esencial que siempre hagas el llamado:

Amada Presencia de Dios, Señor Cristo y Señor Krishna con los hermanos ascendidos, envolvedme en un aura de vuestro resplandor de Cristo Cósmico y acompañadme al lugar preparado, donde pueda servir a mi Dios y a mi gente en la labor sagrada que se me asigne esta noche, de acuerdo con la voluntad de Dios a _____ (si lo sabes, nombra el lugar) _____ o dondequiera que la Jerarquía me necesite para realizar su Labor Sagrada.

En el nombre del Dios de toda Vida, Luz, Verdad y Amor y para los propósitos del Dios Padre-Madre y de la Hermandad de todos los siervos de la Luz, me elevo desde el maya y la densidad de la Materia y desde mi forma física hacia el Espíritu Santo.

¡YO SOY aquí! Y YO SOY el que ha venido para hacer Tu Voluntad, oh, Señor Cristo, oh, Señor Krishna, en la Tierra, así como se ha decretado en el cielo!

Instrucción:

Visualiza la Luz del Cristo y del Krishna Universal, que te rodea a ti y a todos los portadores de Luz comprometidos en la labor sagrada, mientras entonas estos sonidos de la Palabra:

Con el poder de mi Dios, entono:

THUURRRRRRRRRRRRRRRRRRRR (profundo)

OMMMMMMMMMMMMMMMMMMMMM

OHHHHHHHHHHHHHHHHHHHHHHHHHH

ELLLLLLLLLLLLLLLLLLLLLLLLLL

URRRRRRRRRRRRRRRRRRRRRRRRRR (muy profundo)

Instrucción:

Para concluir, junta las manos sobre tu corazón. Permítete sentir la devoción más profunda hacia el Señor Dios en el Gran Sol Central, hacia su Presencia YO SOY individualizada, el Santo Ser Crístico y la Llama Divina contigo. Y que tu devoción vaya también hacia la Luz en todos los santos y Maestros Ascendidos y no ascendidos, como Arriba, así abajo. Con reverencia y humildad, eleva tu conciencia hacia el cielo.

Antes de quedarte dormido, visualiza el obelisco del Monumento a Washington en un rayo de luz blanca y graba el objetivo en el ojo de tu mente. Una tarjeta postal o una foto enmarcada del Monumento colgada en tu dormitorio, te ayudará a mantener un contacto físico con ese lugar. Mientras te duermes, deberías repasar este ejercicio, porque así diriges tu conciencia al lugar destinado de encuentro con tus compañeros servidores de la Luz.

Al observar el estanque reflectante, que se extiende desde el Monumento hasta el Memorial a Lincoln, contempla el misterio del alma como si fuera un espejo del Espíritu del Dios viviente. Mira al alma misma como si fuera ese estanque reflectante, pero también mira en el estanque para ver la imagen de tu rostro, que se convierte en la Imagen Divina, a cuya semejanza fuiste creado. Luego mira tu alma y el alma de tus consiervos al fundirse con el Espíritu Santo de la Presencia YO SOY encima de ti. Observa a tu alma al elevarse del estanque, mientras la Presencia se acerca y pronuncia el mantra en voz alta, a medida que meditas en la Llama Divina en tu corazón.

¡Oh, Dios! Proclamo la promesa:
YO ESTOY acercándome a Ti.
¡Acércate Tú a mí!*

Unido a la Presencia, afirmo:
YO ESTOY fusionando toda mi
conciencia, ser y mundo
con el Espíritu de mi Señor Cristo
y mi Señor Krishna,
de acuerdo con el plan divino
del viaje de mi alma esta noche.*

¡Oh, Cristo!

YO SOY EL QUE YO SOY
YO SOY la Puerta Abierta que nadie puede cerrar
YO SOY la Luz que ilumina a todo hombre
   que viene al mundo
YO SOY el Camino
YO SOY la Verdad
YO SOY la Vida
YO SOY la Resurrección
YO SOY la Ascensión en la Luz
YO SOY el cumplimiento de todas mis necesidades
   y requisitos del momento.
YO SOY abundante provisión vertida sobre toda Vida
YO SOY vista y oído perfectos
YO SOY la manifiesta Perfección del ser
YO SOY la ilimitada Luz de Dios manifestada
   en todas partes
YO SOY la Luz del Sanctasanctórum
YO SOY un hijo de Dios
YO SOY la Luz en el santo monte de Dios.

*Hacer este mantra nueve veces o en múltiplos de 27 hasta 108.

¡Oh, Krishna!

Hare Krishna, Hare Krishna
Krishna Krishna, Hare hare
Hare Rama, Hare Rama
Rama Rama, Hare hare*

Mirad cuál amor nos ha dado el Padre,
para que seamos llamados Hijos de Dios;
por esto el mundo no nos conoce,
porque no le conoció a él.
Amados, ahora somos hijos de Dios,
y aún no se ha manifestado lo que hemos de ser;
pero sabemos que cuando él se manifieste,
seremos semejantes a él,
porque le veremos tal como él es.
Y todo aquel que tiene esta esperanza en él,
se purifica a sí mismo, así como
él es puro.

I Juan 3:1–3

¡La Tierra es del Señor y todo lo que contiene!*

el mundo y los que en él habitan.

---

*Hacer este mantra nueve veces o en múltiplos de 27 hasta 108.

Instruction:

Puedes repetir esta visualización y meditación de la unión del alma con el Espíritu en otros grandes santuarios del mundo situados cerca de un cuerpo de agua, como:

La montaña del Gran Teton cerca de Jackson, al noroeste de Wyoming, Estados Unidos de América (43°50' N, 110°55' O), a 4.198 metros (13.770 pies) de altitud. El Gran Teton es el más alto de los tres picos llamados el Grupo de la Catedral, que alcanzan los 2.100 metros (7.000 pies) sobre el valle de Jackson Hole. Estos se reflejan en varios lagos que los rodean, pero de forma más espectacular en el cercano Lago Jenny, el segundo más grande del parque nacional del Gran Teton.

Congruente con esta montaña en el plano etérico, está el retiro del Royal Teton, retiro preeminente de la Gran Hermandad Blanca en el continente norteamericano, donde todas las almas que diligentemente deseen seguir el sendero de la automaestría son invitadas en sus cuerpos más sutiles a estudiar bajo la tutela del Maestro Ascendido Saint Germain. Fue en este lugar donde los Arcángeles descendieron por primera vez a la Tierra y donde las primeras razas raíces (grupos de almas) encarnaron.

El Monte Victoria (51°26' N, 116°11' O), (cerca de Banff, Alberta, Canadá) se refleja en el Lago Louise (2,4 km de largo -1.5 millas). Al igual que otros lagos del área, el Lago Louise es de un color aguamarina peculiar, debido a los depósitos minerales semejantes a la tiza, en la escorrentía glacial. En el retiro etérico del Arcángel Miguel en el interior de la montaña, incontables legiones de ángeles de relámpago azul vienen y van en sus misiones de rescate de los portadores de Luz del mundo.

El Taj Mahal cerca de Agra, estado de Uttar Pradesh al norte de la India (27°12' N, 77°59' E). El Shah Jahan, quinto emperador mogol de la India (una encarnación del Maestro Kuthumi), empezó a construir el Taj Mahal en 1632, como homenaje a su esposa y compañera constante, Mumtaz Mahal, quien había muerto al dar a luz. La estructura tardó veintidós años en terminarse.

Los lugares sagrados en Varanasi (conocidos también como Benares) en el Ganges, Distrito de Varanasi, estado Uttar Pradesh al norte de la India (25°20' N, 83°00' E). La ciudad está situada sobre una extensión de seis kilómetros y medio (cuatro millas) a lo largo del Río Ganges. Los hindúes van a morir a Varanasi, ya que supuestamente así tienen garantizada la entrada en el cielo de Shiva y quedan libres de la ronda de renacimientos. En Varanasi hay mil quinientos templos de diferentes sectas, muchos de los cuales bordean el río. Desde los templos se puede acceder al agua mediante anchos tramos de escalones o *ghats,* usados por miles de hindúes quienes se bañan cada mañana en el agua sagrada, mientras recitan sus oraciones de cara al sol naciente.

El templo de Brahma sobre el lago sagrado Pushkar, en el distrito de Ajmer, estado de Rajasthan, India (26°30' N, 74°33' E). De acuerdo con la leyenda, el lago se formó del agua que fluyó de tres lugares tocados por una flor de loto que Brahma dejó caer desde el cielo. Otro relato cuenta que, como penitencia, Brahma se bañó en el lago. Este es uno de los pocos templos de toda la India que está consagrado exclusivamente a Brahma.

Las ruinas del templo al Sol en la Isla del Sol en el Lago Titicaca, al oeste de Bolivia (16°01' S, 69°10' O). La leyenda dice que las ruinas marcan el lugar donde los dos fundadores de la dinastía inca fueron enviados a la Tierra por el Sol. El lago tiene 5.158 kilómetros cuadrados (3.205 millas cuadradas) y es el lago navegable más alto del mundo (3.660 metros o 12.500 pies).

El más sagrado de todos estos lugares y el fulcro de Oriente, es el Monte Kailas en el suroeste del Tibet, (31°00' N, 82°00' E), el pico más santo del Himalaya. Este, junto con el Lago Manasarowar en su base meridional es la meta de todo peregrino hindú y budista y puede también ser la tuya como parte de tu sagrada labor nocturna. Los hindúes creen que este es el lugar del paraíso de Shiva. Los textos sánscritos lo comparan con el metafísico Monte Meru, o Sumeru, el centro cósmico del universo.

Kailas está a 6.700 metros (22.028 pies) de altura y se dice que el Lago Manasarowar, a 4.267 metros (14.950 pies) es el lago de agua dulce más alto del mundo. De acuerdo con el Lama Govinda, «tiene la forma del sol y representa las fuerzas de la luz... "Manas" (sánscrito) significa mente o conciencia: la sede de las fuerzas de la cognición, de la luz y finalmente de la iluminación».

7

Notas del Ashram

Hermanos:

Al acercarse la época de la Misa de Cristo, hagamos todo lo posible para utilizar nuestra voluntad, sujeta a la voluntad de Dios, para la elevación de aquellos que están esclavizados por el maya y las fuerzas de la Oscuridad.

Considerad la fuerza de un imán. Cuando el acero se acerca al imán, este lo atrae rápidamente hacia sí mismo; pero cuando el acero está muy lejos, la atracción que ejerce el imán solo puede medirse con los instrumentos más sensibles.

Recordad el imán del Amor. El corazón magnetiza al alma y mide su respuesta. Pero ¿cómo habrá de responder el alma dormida a la atracción del corazón?

Es conveniente que soportemos las tensiones de los hombres. Al llevar las cargas mutuamente, cumplimos con la ley de Cristo. Porque el Gran Gurú, como el Atlas de antaño, siempre ha llevado el peso del mundo. Seamos los asistentes del Cristo, al compartir la cruz del Amor.

Recordad, el Maestro cayó bajo el peso kármico. ¿No habrá de penetrar la corona de espinas nuestra cabeza?

Entregué el «Ritual Sagrado para la unidad» adjunto a mi amanuense esta noche en su santuario. Su eficacia está probada y se encuentra en las respuestas ocultas del alma.

Os invito a todos a que os reunáis conmigo en Nochebuena a las once de la noche (o a la hora que elijáis), mientras pasamos la antorcha de la Misa de Cristo de una zona horaria a otra alrededor del mundo, en un período de meditación elevado y santo.

Comenzaremos con el «Ritual unísono». Después daremos el «Ritual Sagrado para la unidad», seguido por el «Ritual Sagrado para el Transporte y la Labor Sagrada». (Omitiremos el paso de trazar las líneas en el globo terráqueo, que cada uno puede optar por completar en su hogar antes de retirarse a dormir).

Por tanto, viajad a Shambala por medio de la flecha del pensamiento. Al acostaros, que el alma siga la flecha para que logréis en favor de la humanidad, lo que solo puede realizarse en el cuerpo etérico más allá del velo.

Que el mundo mejore por nuestro esfuerzo de llevar las fuerzas de la Luz a la acción. Recordad que no estáis solos. Dios y los grandes Maestros siempre están con vosotros, mientras trabajáis juntos para iluminar a unos pocos y para aliviar el terrible sufrimiento que muchos soportan.

En esta época, rezad por la curación de la crisis mundial. No os olvidéis de pedir por la iluminación de presidentes, reyes y gobernantes de todas las naciones, así como también de todos los ciudadanos del mundo y de sus representantes elegidos.

Mientras Acuario amanece, demos a luz una mayor medida de cooperación y amor, para que la canción «Gloria a Dios en las alturas y en la tierra paz, buena voluntad a los hombres», se convierta en una realidad en el alma de todas las personas. Aunque la lengua de los hombres repita las frases, la Tierra no ha de ser libre hasta que el alma no llegue a comprender su verdadero significado.

Que la paz de Dios habite en todos los corazones en esta Nochebuena, así como la llevan a todas partes de la Tierra los ángeles del nacimiento de Cristo.

Con profundas bendiciones y paz, mantengo la vigilia de su pesebre en vuestro corazón,

6

Ritual Sagrado para la unidad
(Primer y tercer domingos)

Instrucción:

Este ritual sigue al «Ritual Unísono» en el primer y tercer domingo del mes. Puede también darse antes del «Ritual Sagrado para el Transporte y la Labor Sagrada» antes de retirarse a dormir. Es el gran inicio de vuestra participación con la Jerarquía. Además, usadlo cuando el grupo del Áshram central lo indique o cuando el Espíritu Santo os mueva a hacerlo. Los creyentes y los que siguen una vida monástica pueden elegir utilizarlo diariamente. Como todos nuestros rituales, se debe dar en voz alta, ya sea en grupo o en períodos de meditación solitaria.

I

Yo Permanecería...

Con mucho gusto daría todo de mí si pudiera impregnar el universo con un fragmento de mí mismo, unido al Señor Krishna, y permanecer...

Permanecería en la Tierra como un peregrino de la paz.
Permanecería en el cielo, en la paz del Todo Divino.
Permanecería para consolar a todos:
Un Buen Samaritano para los heridos y los que sufren,
un amigo para los que no tienen amigos,
la voz de la conciencia para los que no tienen conciencia.
Padre para los que no tienen padre,
Madre para los que no tienen madre,
Hermano o hermana para el huérfano, al dar hasta mi cuerpo y mi sangre a aquellos que tienen hambre y sed de justicia.

Sanaría a los enfermos, limpiaría a los leprosos, resucitaría a los muertos, echaría fuera demonios en el nombre de Cristo; porque de gracia he recibido y de gracia he de dar.

Sería una luz eterna como Dios, para disipar la oscuridad del sufrimiento en el mundo.

Para todos a quienes Cristo quisiera liberar a través de mí, hasta me uniría al dolor y a la muerte, para romper las cadenas de maldición.

Que el relámpago de tu venida, oh, Señor, y el poder de tu resurrección pueda penetrar el espacio: esta es mi oración y mi meditación en esta hora.

Santificado sea tu nombre YO SOY EL QUE YO SOY, Tú que santificas y unes a las almas de las multitudes.

¡Subo la escalera!

Todos los eslabones se disuelven ante la Presencia
Santa Voluntad Divina, ven a mí
Uno solo es la unidad de Todo.
YO SOY EL QUE YO SOY es ese Uno
Lo decreto y está hecho

¡Luz!   ¡Luz!   ¡Luz!

Instrucción:

Concéntrate en el punto del chakra del tercer ojo en la frente. Establece contacto con Dios, al mantener en el «ojo de la mente» la imagen Divina más elevada que puedas concebir. Luego visualiza un poderoso rayo de luz que sale de tu poderosa Presencia YO SOY a través de tu tercer ojo, como un brillante faro que alumbra el camino hacia el Hogar para los hijos de Dios. Repite este mantra 9 veces o en múltiplos de 27 a 108:

**¡En el nombre de Dios Todopoderoso,
deseo que mi Luz brille!**

Siente que el amor, tanto personal como impersonal de tu Santo Ser Crístico se irradia a todos los hijos de la Luz, desde el chakra de tu corazón. Mientras intensificas el amor de Dios por ti y tu amor por él en tu corazón, visualiza tu chakra del corazón como un foco del rayo de brillo rosa dorado desde el corazón de Helios y Vesta. Con tu corazón rebosante de Gratitud, Amor y Luz, haz este mantra 9 veces o en múltiplos de 27 a 108:

¡Oh, Dios, el cáliz de mi corazón rebosa!

Al entonar el sonido del Ur[1] para emitir la Luz de tu corazón, visualiza un destello poderoso de Luz, que emana del chakra del corazón. Este es el rayo de Dios, el Gran Gurú, el que disipa la oscuridad, que pasa a través del chela.

U R R R R R R R R R R R R R R R

Por la Voluntad Divina
mi Amor y Luz totalmente tuyos
cubren tu omnipresencia que es toda mía.
YO SOY el que focaliza la luz blanca en este planeta,
y conduce los colores, las vibraciones, las virtudes,
los rayos y las razas a su unidad divina en el Espíritu

¡Oh, Jesús!
¡Oh, Hermes Trismegisto![2]
¡Oh, Maitreya!

(Entona tres veces los sonidos de las 5 vocales en este orden: I O E U A)
IIIIII-OOOOO-EEEEE-UUUUU-AAAAA

II

Madre Divina
con tu poder, tu nombre
y en la Presencia de tus Hijos, pido:

Guíame a Shambala
Ciudad de Luz, ciudad del Sol, ciudad del Alma.

* *
*

Mi ojo único de Luz arde de pronto con Cristo.
¡La belleza azul de la estrella del Oriente
se acerca al Edén de mi Yo Sagrado!

Mientras me sonríen, las almas gemelas
de la Hermandad de esa
Ciudad Santa me reciben con un beso santo,
estoy extasiado de felicidad y compartiré
mi santo gozo por siempre en Tu nombre,
Jesucristo, mi Salvador.

A ti envío

Rosas   Rosas   Rosas

¡Oh, alma mía!
Estás uniéndote a Dios

Desde mi unidad con el Todo-en-todo
prometo un amor imperecedero
al estrechar la mano de los Hermanos y de mi Cristo
YO SOY el que viene al hogar en Shambala,
Ciudad de Luz

YO SOY sellado en el OM
en el altar sagrado del Amor.

III

En la pura llama blanca pura de la pura Luz blanca
YO SOY el que emana Amor desde los
centros sagrados de mi ser

Mediante las esferas del arco iris de Dios
YO SOY el que envuelve a los hijos de la Luz
en el azul puro, rosa puro, amarillo puro,
verde puro, morado puro, violeta puro
del Gran Cuerpo Causal Azul

YO SOY el que me convierto en el Uno
En el Uno me he convertido.

En mi mente por siempre,  unidad con Morya El
En mi corazón por siempre, unidad con Morya El
En mi alma por siempre, unidad con Morya El

Mediante el azul oscuro de la Madre Divina
y su gran dosel estelar azul de Luz
YO SOY el que establece por siempre y para siempre
mi unidad con el Maestro Morya El ,
al mantenerlo en mi mente para siempre,
al mantenerlo en mi corazón para siempre y
al mantenerlo en mi alma para siempre.

Pluribus Unum - Unum Pluribus

RA MA   RA MA   RA MA

OM   OM   OM   OM   OM   OM   OM

IV

Habito esta noche en Shambala
Ciudad de mi Dios.
Peregrino de paz desde Terra, rezo, oh, SEÑOR,
por la unidad de mi alma con Tu Espíritu esta noche.
Mientras moro en la Ciudad del Día Eterno
lágrimas de gozo se mezclan con las
lágrimas de los santos en el propósito del Amor.

Enjugará Dios toda lágrima de nuestros ojos
y ya no habrá muerte, ni habrá más llanto,
ni clamor ni dolor porque las primeras cosas pasaron.

Y el que estaba sentado en el trono dijo:

He aquí, yo hago nuevas todas las cosas.

En esta ciudad estelar

a través del portal de la estrella santa

veo a mi Dios ante mí:

YO SOY el que ha venido

a fusionar mi todo con el Uno.

*

¡Oh, Estrella de mi Presencia Divina!

YO SOY EL QUE YO SOY

OMMMMMMMMMMMMMMMMMMMMMMMM

*   *

*

(1) La palabra hebrea UR significa literalmente «llama» o «luz». Ur es el nombre de una ciudad antigua en Sumeria y el de la nota musical del Arcángel Uriel. Uriel se traduce como «Dios es Luz» y el *Urim* y el *Tummin* que vestía el sumo sacerdote de Israel se traduce como «Luces» y «Perfecciones». La ciudad de Ur estaba ubicada en Mesopotamia (hoy día Iraq) junto al Río Éufrates, cerca de la cabecera del Golfo Pérsico. De acuerdo con el Génesis, Abraham (una encarnación de El Morya, 2100 a.C.) salió de Ur de los caldeos para ir a la tierra de Canaán. En el siglo veintiuno y veintidós a.C., Ur era un centro cultural, político y económico floreciente. El Morya ha revelado que, en su vida como Abraham, fue oriundo de Nippur, centro cultural y religioso de Sumeria, donde su padre Taré fue sacerdote del templo y cuya religión pagana Abraham desafió.

(2) Hermes Trismegisto es un Maestro Ascendido conocido en el antiguo Egipto y la antigua Grecia como el gran filósofo, sacerdote y rey, autor de escritos sagrados y obras alquimistas y astrológicas.

8

Notas del Áshram

¡Os saludo desde el fragmento de la Luz del OM que está en todos nosotros! Así también mi personalidad saluda a la vuestra con alegría; porque, así como hay una Luz interna, asimismo hay una Luz que se exterioriza.

Los Maestros Ascendidos que están suspendidos por encima de nosotros en una formación en espiral, tienen la motivación del Bien Divino superior para crear una forma de pensamiento de Belleza, una forma de pensamiento de Vida y una forma de pensamiento de la Voluntad Divina que magnetice a nuestra alma al plano del Cristo.

Aun así, elevemos nuestra alma hacia su Sagrado Corazón en esta Nochebuena. Porque es la voluntad de Dios que todos sus hijos e hijas entren en la esencia de la chispa divina, para que puedan elevarse a la Divinidad, a través de la maestría del yo interno y externo.

La Jerarquía espera la llegada de los niños. Vendrán cantando con guirnaldas de flores en sus brazos. Vendrán conscientes de su condición humilde y de su pequeñez; pero se alegrarán con el conocimiento del poder infinito y de la gloria del Padre Supremo que están escondidos en la majestad divina de su alma.

En esta época navideña, las montañas tiemblan y la luz de la mañana envía su resplandor al corazón. Mientras nos penetra la radiación de la Madre Divina, nos acercamos a las regiones eternas del centro solar del ser, donde mantenemos la alegría de nuestra unión con Cristo constantemente.

Estoy muy feliz al comunicaros una dispensación que se nos ha concedido. Se convoca ahora a cada uno de vosotros, que habéis servido como contacto para el Áshram, para que seáis un punto focal de un círculo de no más de nueve personas, almas dignas que se integrarán a vuestro grupo.

Cada uno pasará las Notas del Áshram y los rituales desde su fuente actual a vuestro círculo de 9. A su debido tiempo, cada uno de los nueve llamará a otro círculo de 9, de modo que multiplicará nuestros miembros a 81. Y de la misma manera, cada uno de los 81 llamará a su círculo de 9, con lo que aumentarán nuestros poderes de meditación a 729.

De esta manera, la Luz de nuestro Áshram cubrirá la Tierra. Cada eslabón deberá mantener la santidad del contacto entre unos y otros, así como con la fuente. Y así nos esforzaremos por establecer y fortalecer nuestro vínculo personal con Dios, por medio de nuestra unidad individual con la Todopoderosa Presencia YO SOY.

En Nochebuena, el Áshram celebrará una ceremonia especial de 11:00 a 11:30 de la noche. Invitamos a todos los contactos a participar con júbilo en ese momento de nuestra comunión con el nacimiento de Cristo en todos los corazones y en el ascenso de nuestra alma al plano de los avatares.

Nuestras metas para el año próximo serán producir un gran avance espiritual en todos los hijos de la Luz y en nosotros mismos, que logremos salir de todo karma negativo para el inicio de la entrega positiva del alma.

Con ese fin, invocamos la bendición de las órdenes sagradas y de sus miembros, desde los neófitos hasta los iniciados y prometemos nuestra obediencia total a la Gran Hermandad Blanca y nuestra unidad con sus propósitos.

Paz en el Cristo viviente.

Bendiciones,

Mark

9

Notas del Ashram

El Señor Maitreya pide que todos los que están en mi Áshram dediquen un servicio especial en favor de las personas que se encuentran en hospitales psiquiátricos y padecen diversos tipos de enfermedad mental, cuyos seres torturados y atormentados claman por su liberación.

Maitreya también os pide que dirijáis la Luz de nuestro Áshram hacia todos los que están sufriendo accidentes graves y la pérdida de familiares a causa de muertes prematuras.

Enviadles vibraciones de la armonía curativa de Dios, de su paz y de su protección sanadoras, con gran poder.

El Buda dijo: «Venda las heridas del mundo. Así repararé el cáliz de mis siervos ministrantes y Cristo lo llenará de Luz».

Sanctē,

10

Notas del Ashram

Ahora deseo hablar de lo que transmitimos...

¡Qué inmaculada belleza hay en Cristo!

Una vibración así, de la cual se apropia el devoto, puede blanquear el alma más que la nieve, en verdad, puede blanquearla más de lo que podría hacerlo cualquier blanqueador en la Tierra. Qué refinamiento del espíritu hay en esta transmisión del aura purificada.

¡Ah la belleza inmaculada de Cristo!

Transformad en Luz las vibraciones que denomináis Oscuridad. Que la alegría desplace toda tristeza. Las mentes adormecidas despertarán a una vigilancia espiritual por medio de la alquimia divina.

Sí, que las flechas de transmutación que provienen del Todo os atraviesen; y así las flechas oscuras no penetrarán vuestra órbita. Y la Luz de lo que emitís retornará para cubriros en una nube de resplandor etéreo.

Considerad la alegría desinteresada que creáis a través de vuestros rituales de meditación, los innumerables corazones que reanimáis y entibiáis, Oh mis Soles. Que siempre transmitáis mis rayos, dirigidos a los cuerpos sutiles de otros Soles. Que sirvan para despertarlos, para transmutar, bendecir y crear lo Bueno y lo Hermoso.

De esta manera, todos os reuniréis en un refugio ordenado, construiréis una torre y uniréis vuestras luces: seréis así un Faro para muchos en dificultades. Y haréis mi voluntad, ya que es la voluntad de Dios, porque este ha de ser vuestro deseo. Y el Gurú eterno os instruirá sin apartarse de vosotros, sino muy cerca de vosotros, muy cerca de vuestro corazón.

La gloria de la Natividad es la gloria de la recreación. «¡He aquí, yo hago nuevas todas las cosas!» Recrear es rehacer aquello que se corrompió desde la Creación. Porque el Adán puede morir, pero el hombre nuevo en Cristo siempre está cobrando vida; y la gloria de la resurrección es el orden del nuevo nacimiento.

Este patrón de auto regeneración experimentado una y otra vez por medio del Cristo, es indispensable para la Nueva Era. Por consiguiente, siempre armonizad vuestra alegría con la Natividad y con vuestro renacimiento en el Cristo resucitado. Pero procurad que en los períodos cíclicos de vuestra alma a través del ritual de la recreación, intensifiquéis el amor a Dios en vuestro corazón.

Que los cánticos del coro de los ángeles estén cerca de vosotros durante el Adviento y en los días santos de la Misa de Cristo por venir. Pues estos os recuerdan y os conectan al mensaje de paz y buena voluntad que Dios nos envía por medio del Niño Cristo.

Acordaos del Mensajero y del emisor; y no os olvidéis del mensaje o de la transmisión. Sed también mensajeros y emisores. Aumentad la conciencia de la Llama viva en vosotros, destruid vuestras ilusiones finitas y transmitámonos unos a otros con fuerza el mensaje de nuestra inmortalidad.

Un barco se acercará al puerto cargado de tesoros; su salvación está en vuestros antiguos envíos.

Acordaos de las manos que están sujetas, de mayor a menor. Recordad que, de esta forma, el inferior está unido al superior; y el que está sentado a la derecha de Dios estrecha la mano del Padre.

Acordaos de la Hermandad; sed un puesto de avanzada de sus transmisiones. Trabajad, asistid a los rituales y planificad, para que el bien supremo pueda venir por vuestra presencia entre los hombres. Sed constantes.

Que la canción del Señor esté con vosotros.

Bendiciones eternas,

11

Notas del Ashram

Que la sabiduría de la montaña descienda a la llanura, para que se coseche el buen fruto.

Las leyes que el Portador de la Cruz explicó han influido en la humanidad, pero ¡oh cuántas de esas leyes se han ignorado!

Y la Luz no ha penetrado en las Tinieblas que han cubierto la Tierra, porque los muros de la ignorancia auto impuesta por el libre albedrío han interferido. Y, por lo tanto, una gran oscuridad ha descendido sobre la gente.

Pero el SEÑOR se levantará sobre vosotros y Su gloria se verá sobre los que adoran la Luz, los que se apropian de la Luz por libre albedrío.

Algunos de los que buscan a Dios temen que sus auras se contaminen. Se estremecen por temor a su profanación. Por el contacto personal y aun por medio de la clarividencia se analizan sus cuerpos sutiles unos a otros.

Sin embargo, en la emisión del resplandor del Amor se encuentra el más perfecto de los antisépticos y hasta el miedo puede curarse mediante este Amor. Porque la unión con el Creador es el rayo más purificador. Él sostiene al universo en su mano, mientras la Oscuridad todavía se estremece mezclada con la Luz.

¿Es el siervo mayor que su Señor?

Mostrad compasión y comprensión mutua, aun en vuestra debilidad, porque así todos y cada uno cobrarán fuerza. Y vuestra unidad con los oprimidos a través de la compasión y el entendimiento Crístico será como un samādhi,* mayor que el samādhi de mil yoguis que carecen de esta unión.

La fortaleza nace de la debilidad, que se mueve hacia la perfección y cada triunfo es un paso en el camino. La alegría llega a aquellos que han vencido a la tristeza; y aquellos que han caminado en las tinieblas amarán más la Luz.

Vuestra aura crecerá para encarnar más plenamente al Padre, a medida que exhaléis formas de pensamiento de santidad, aun en lo impuro que hay en vosotros y en vuestro hermano. La transmutación es una brasa del altar del cielo, que se aviva por vuestra percepción de la necesidad de consumir la escoria de vuestro propio ojo, para que la paja en el ojo de vuestro hermano también se extinga, mediante los fuegos alquímicos del Amor.

Aferraos a mí. Porque aún el leproso no os manchará mientras estéis junto a mí. Este Áshram se levanta antes del alba, como una torre que se eleva durante la noche y espera recibir el primer rayo del día. Que la ignorancia no impida la manifestación de la voluntad de Dios, aun cuando creáis ser sabio y os sintáis protegidos en el seno de la Verdad.

Hasta los poderosos fortalecen su humildad cuando están ante mí. Y en verdad cómo he exaltado a los humildes, mientras quitaba de sus tronos a los poderosos.

Vendaos las heridas unos a otros, curaos las aflicciones unos a otros e infundid tierna bondad en los espíritus de los

---

samadhi [Del sánscrito, literalmente «juntar», «unir»]: en el hinduismo, un estado de profunda concentración o absorción que da por resultado una unión perfecta con Dios; el estado más elevado de yoga. En el budismo, los *samadhis* son numerosos modos de concentración que, se cree que, en última instancia, producen poderes espirituales superiores y el logro de la iluminación o nirvana.

oprimidos. Pues, el espíritu del Portador de la Cruz ha de colmar el Áshram mundial.

Y la copa de amor del universo derramará el óleo del Espíritu sobre nosotros. Y al estremecerse, surgirá hoy una obra que ni siquiera habéis comenzado a imaginar en sueños.

Mi amor llama... y la Presencia del SEÑOR se levantará sobre vosotros y su gloria se verá en vosotros.

12

Notas del Ashram

Mis amados:

Mantened vuestra mano firme en la mía durante la noche. Evitad el pecado del cinismo. Observad la belleza, la belleza, la belleza incluso en las cenizas, porque de la muerte y la descomposición surgirá vida nueva. La diminuta mónada expandirá la conciencia en un mundo moribundo, para abarcar al cosmos eternamente vivo.

Qué hermosas conexiones de corazones puros se establecen por medio del alma, que no se ciega por la forma y cuyos pensamientos no se esconden en la arcilla lodosa de la raza o en la limitación del credo.

Aquellos que son de la tierra, terrenales, son como niños pequeños que arrojan piedras en el océano y dicen: «con el tiempo cruzaremos el mar sobre este puente de piedras».

Que coloquen sus manos en la mano del Infinito. De esa manera volarán a través de la Luz Interna y del Dios interno ¡hacia un cruce feliz!

Animaos y tened cuidado. Haced todo lo bueno y plantad la semilla de bondad en el corazón de vuestro semejante. Que los expoliadores no os venzan, porque son almas quebrantadas, abrumadas por una falta de autocontrol.

Con una oración en nuestros labios, exhalemos Su nombre para que incluso los pecadores vengan a Él.

El Cristo permanece y nos llama, uno por uno, a su lado, mientras las esferas se estrellan y se desmoronan. Respondamos fielmente al llamado con lo mejor de nosotros mismos. Elevémonos por encima del pensamiento y de los conceptos oscuros que dicen que no podemos vencer.

A través de Él conquistaremos todos los mundos. Preparémonos para integrarnos a su pequeña hueste infinita. En verdad, como se ha dicho, haced todas las cosas por medio del Cristo, que nos fortalece a cada hora.

Avanzad un paso a favor del Señor. Acordaos de la espada del SEÑOR y de Gedeón. ¡Quebrad los cántaros si es necesario, pero que la Luz brille!

Con el tiempo perderemos nuestro cuerpo, a menos que Él los redima. Tengamos valor. Esperemos al SEÑOR. Luchemos y renovemos nuestra fuerza, luchemos y renovemos nuestra fuerza. Levantemos alas como las águilas, como dijo el profeta. Corramos sin cansarnos. Caminemos sin desmayar.

El fíat se ha enviado: ¡que nuestro Áshram resplandezca con Vida y Luz renovadas y, sobre todo, con Amor y devoción del corazón!

Sacudíos las cadenas de la personalidad. No busquéis la perfección en los demás, hasta que la perfección dentro de vosotros mismos brille plenamente afuera.

Bendiciones eternas,

Notas del Áshram

Amados:

Esta Nota del Áshram toma la forma de una plegaria por los seres queridos que han hecho la transición, para que seáis consolados en los momentos de dolor y para que podáis consolar a otros a través de la intercesión de las huestes angelicales. Usadla con el conocimiento certero y la profunda fe de que el llamado a la Luz Todopoderosa, al Dios Padre-Madre, en favor de aquellos allegados a vosotros y de muchos que están abriéndose camino a través del *samsara* hacia el Destino Eterno, *¡siempre recibe una respuesta!*

Una oración por las almas
que abandonan la Tierra

Amada Presencia de Dios YO SOY en los corazones de toda la humanidad, amado Señor Miguel, Arcángel de la Liberación y tus huestes angélicas:

En nombre de las almas de la humanidad, particularmente aquellas a que nuestro Padre celestial llamará, hago este llamado.

Que los ángeles de la paz permanezcan junto al cuerpo físico de cada alma y mantengan en perfecta paz el aura y los sentimientos de los que abandonan la octava física y de los presentes donde se está produciendo esa liberación.

Por medio de la presencia de los serafines de Dios, que el aura de santidad sea sostenida en la hora solemne de la transición, para que el alma sea liberada de su tabernáculo terrestre por las legiones de los Arcángeles Miguel, Gabriel, Rafael y Uriel.

Que todo el temor, duda, tristeza por la separación y pena por la partida de los seres queridos sean consumidos por los ángeles de la llama violeta del Arcángel Zadquiel, para que las almas que están ante el umbral de una nueva libertad no se angustien.

Que todos los ángeles de la liberación del SEÑOR puedan encontrar a cada alma. Que ninguna corriente de vida perteneciente a las evoluciones de la Tierra pase a través del velo de la así llamada muerte, sin atención. De acuerdo con Su voluntad, que todos los hijos de Dios que hoy pasan de la pantalla de la vida sean llevados a los templos de la misericordia y perdón y bañados en los fuegos purificadores de la llama violeta de Saint Germain.

Que estén preparados para pasar ante los Señores del Karma con la dignidad de su Ser Crístico y que estén conscientes de ello; y que cada uno sea asignado a un aula de Vida y reciba la oportunidad de estudiar la Gran Ley en lo que se refiere a su propia evolución.

Clamo a los Señores de la Misericordia y Amor, para que consuelen a todos aquellos cuyos amados están por partir o recientemente han partido de la Tierra, para que transmuten y consuman toda carga y sentimiento de pérdida; y para que llenen a cada corazón y hogar con paz y el entendimiento de la oportunidad que se les ha concedido a las almas llamadas a otros reinos, para que progresen en el sendero de la vida eterna.

¡Que así sea! Lo acepto en el nombre de nuestro Señor y Salvador Jesucristo. Amén.

Notas del Áshram

Esta Nota del Áshram contiene algunos pensamientos diversos sobre el acercamiento de mi alma a Dios. Que saquéis provecho de ellos y de la repetición de los mantras de Jesús, que resuenan en nuestro corazón.

Bendiciones eternas,

Mark

LA BÚSQUEDA

Buscad y encontraréis. Si él no llora, ni siquiera el niño recibirá el alimento de la leche de su madre. La demanda debe crearse, para recibir la provisión.

Primero debéis sentirlo en vosotros mismos. Debéis anhelarlo y sentir que os consume. Debéis crear el vacío dentro de vosotros, para que podáis llenaros.

Si trabajáis, ardéis por él y lo anheláis, os aseguro que lo obtendréis: al Gurú. En el momento que creéis el deseo, nadie podrá retener el cumplimiento de ese deseo, ni siquiera el Gurú.

LA UNIDAD

Cuando el cristianismo alcanza su propósito, el resultado es la unión del alma con Dios. La adoración solo se basa en el conocimiento del yo y del tú: que Él es mi Señor y yo su siervo. Pero, para el hombre que sabe que todo es Dios, incluso él mismo, no hay ni yo ni tú; tampoco hay adoración o religión.

Se ha unido con el Uno.

No es el yo el que hace algo, sino es Él quien lo hace. Siento la mano de Dios en todo momento en la palabra y en la obra. Tened siempre este pensamiento ante vosotros: no soy yo el que habla o el que hace, es el Ser Eterno, Dios, que se expresa a través de mí. Y afirmo que el «YO SOY en mí es ese Uno. Dios en mí es el Todo.

Que ningún hombre tenga en su cabeza pensamientos de grandeza personal. Solo Dios es grande. Las personas piensan que ellos son los que hacen las cosas. Solo Dios es el Hacedor. Algunos ignoran que la Omnipotencia Divina simplemente nos usa como Sus instrumentos.

Si tenemos grandes ideas, haremos grandes obras. Si tenemos la mente de Cristo, haremos obras Crísticas. De hecho, haremos la obra de Cristo en la Tierra.

No es el yo quien las realiza ni tampoco el tú. Es el «Yo-Tú» que está en mí. Son el Padre y el Hijo quienes lo hacen en mí. Son el Padre-Hijo quienes han hecho su morada en mí.

Yo soy el Tú y yo soy el Yo. Conozco la dualidad de mi ser por medio del Todo-en-todo. Soy la copa y el contenido del Ser Omnisciente. Sin embargo, no soy nada.

Oh, mi amado Jesús, ¡Tú eres el Todo; Yo soy la Nada

LA RENUNCIA

No le pongáis condiciones a Dios en cuanto a lo que ha de hacer y lo que no hará. Sed fieles a vuestra naturaleza interna y dejad los resultados incondicionalmente en sus manos. Esta es la verdadera renuncia. Os evita todas las preocupaciones y responsabilidades. Esta es la creencia en la Ley Divina, que nunca desilusiona. De hecho, esta es la verdadera renuncia.

El hombre que sabe a través del conocimiento divino que él y Dios son uno, vivirá de acuerdo con esto. El hombre que sabe que el mundo es falso y que lo único real en él es él mismo como representante libre del Todopoderoso, ese hombre abarcará al mundo con su corazón y dotará a todos los que encuentre con el mismo autoconocimiento.

Solo tenéis el derecho a actuar. Rezad para que seáis siempre Dios en acción. Después haced lo mejor posible y dejad los resultados en manos de Dios.

Todos somos instrumentos de Dios. Él está haciendo todas las cosas. La grandeza del hombre o de la mujer es la grandeza de Dios, ya que son expresiones de esa energía eterna.

LOS MANTRAS

Meditad diariamente en estos mantras de Jesús hasta que su recitación en vuestra mente y corazón (y en voz alta cuando estéis solo) se convierta en un poderoso impulso acumulado para la acción justa – ¡justicia en el nombre de Dios!

1. **¡Yo y mi Padre uno somos!**[*]

2. **No puedo hacer nada por mí mismo.
¡Es el Padre en mí quien hace las obras!**[*]

3. **¡Mi Padre hasta ahora trabaja y yo trabajo!**[*]

4. **¡Yo debo hacer las obras del que me envió!**[*]

5. **¡Yo trabajaré mientras tenga la luz [el Gurú] conmigo, porque la noche viene [la ausencia del Gurú] cuando nadie puede trabajar!**[*]

*Pronuncia este mantra 9 veces o en múltiplos de 27 hasta 108.

Notas del Áshram

Estás en mi corazón esta noche. Todos los siglos están confinados a esa región eterna.

Rebosante de compasión, anhelo ver que todos nosotros, quienes somos hijos del corazón de Dios, cumplamos con nuestro destino superior, tanto en nuestras vidas privadas como en nuestro trabajo con la Hermandad.

La Hermandad envía paz y saludos a todos de forma impersonal, así como el sol brilla sobre el justo y el injusto; sin embargo, también lo hace de forma personal, así como la abeja acaricia a cada flor.

Sobra decir, y tú lo sabes, que el Áshram no se creó por motivos personales ni para provecho personal. Nuestras obras son por Amor y para el Amor, dirigidas a todo corazón en dificultades que clama a Dios.

Vivimos para traer el conocimiento y la vibración de los poderes superiores a los hombres y a las naciones, incluso a aquellos que no nos conocen a niveles externos, pero sí a niveles internos, por medio de los puestos espirituales de avanzada del Áshram en todas partes. De esta manera, deseamos construir cimientos de divinidad personal en nosotros mismos y en todos nuestros contactos, de manera que, al forjar eslabones Divinos individuales, el planeta pueda redimirse.

Recientemente, el Consejo de Darjeeling nos concedió el permiso para expandir el Áshram. Este patrocinio es un ejemplo del amor desinteresado de la Hermandad, con el propósito de que una innumerable cantidad de almas puedan unirse dispuestos a trabajar con nosotros, por la unidad de los seres espirituales de las naciones.

Esto debe realizarse con un aumento mínimo de nuestras tareas y con un incremento máximo de nuestra armonización, lo que traerá una ganancia neta de beneficios planetarios. La conexión de nuestros rituales de meditación de persona a persona por todo el mundo creará una red planetaria de Amor Divino que cubrirá muchas áreas geográficas del tiempo y el espacio con la Luz de lo que transmitimos.

Las vestiduras de la Madre del Mundo tejen una vía superior para todos. . .

No fue nuestra intención agobiar innecesariamente a ninguno de nuestros contactos al anunciar esta oportunidad, sino darles la visión de la multiplicación de los corazones por medio de nuestros esfuerzos mutuos.

Queridos corazones, no necesitáis asegurar la cooperación de nueve almas todas a la vez. Incluso a nuestro grupo de siete le faltan dos almas. Podéis comenzar con uno o dos y crecer hasta lograr la fuerza deseada. Porque en los nueve está el poder del tres veces tres.

Invocad a estas almas y el Espíritu las enviará.

El secretario de nuestro grupo está listo para brindaros ayuda y os prestará un conjunto de formularios para que los copiéis en el orden debido. No necesitáis una máquina de escribir, porque un hectógrafo, papel carbónico, un lápiz o bolígrafo aplicados con mano y corazón firmes será suficiente para reproducir los rituales necesarios.

Las cartas se pueden enviar por correo como os sea posible. Recomendamos que se manden todas las semanas durante las tres primeras semanas y después cada dos semanas. No impongáis reglas inflexibles, pero brindad servicio según el tiempo disponible. Sin embargo, queremos que transmitáis nuestras esporádicas Notas del Áshram a los discípulos de Morya lo antes posible.

En resumen, os pedimos que hagáis el esfuerzo por encontrar uno o dos en vuestro círculo de estudiantes de los misterios de Cristo, que reciban gustosos la oportunidad de participar en las transmisiones de Luz del Áshram.

Os sugerimos que les digáis que os consideráis afortunados por tener un contacto bueno y confiable con la Jerarquía; y que deseáis que ellos tengan la oportunidad de participar en un grupo de meditación que habéis sido llamados a comenzar para bendecir a la humanidad y para elevar las vibraciones del planeta. Decidles que su participación redundará en su crecimiento espiritual individual, así como también en su unidad con los Maestros Ascendidos.

Te pedimos que enviéis a nuestro secretario la pequeña cantidad de dinero necesaria para los gastos de papel y timbres postales. Esta petición no proviene de nosotros, sino que es un requisito de la ley kármica: así como hemos recibido de forma gratuita las palabras y las bendiciones del Maestro M, ahora podemos dar de nosotros libremente para mantener el Áshram. Por tanto, a su debido tiempo, este podrá manifestarse en el exterior para que todos los Portadores de Luz lo vean, ya sea en este siglo o en otro.

Se deben sentar las bases.

Nuestros corazones están un tanto preocupados en nuestras obras, porque algunos de vosotros no habéis dado reconocimiento a nuestras comunicaciones recientes. Nos damos cuenta de las cargas que lleváis, pero os pedimos que apartéis solo los pocos minutos que se necesitan cada día para este trabajo vital.

Hermanos míos, me duele hablar de esta manera, ya que no lo he hecho así antes; pero por necesidad, la carga del SEÑOR se deposita en mí. Por tanto, os pido en el nombre y por el amor del Padre, que reflexionéis sobre este asunto en vuestro corazón y hagáis los contactos físicos que os pedimos de vez en cuando. No es que no esté consciente de vuestro amor, es solo que la Ley exige la respuesta y la expresión de gratitud por parte de cada uno: brindar un servicio similar al servicio recibido.

Los fieles que han trabajado conmigo se las arreglan para hallar el poco tiempo que se necesita para difundir el trabajo del Maestro para la gloria y alabanza de vuestro Dios por siempre jamás. También os pedimos que respondáis a nuestro llamado, especialmente en favor de aquellos, a quienes les encantaría participar en estos rituales de meditación.

Al concluir oramos: «Padre, visualizamos una conexión más estrecha entre cada uno de los que somos parte de la construcción de la estructura mundial del Áshram; vemos que todos y cada uno se entrelazan solo por medio de la imagen Crística reflejada con toda su gloria en nuestra alma. Ayúdanos a ser tus manos y tus pies aquí en la Tierra, al hacer que tu visión se convierta en una realidad cada día».

Bendiciones y amor eternamente,

Mark

Escrita después de la meditación de las 9 en punto
20 de enero de 1954

16

Notas del Áshram

La flor que os enviamos es para recordaros del despliegue diario de vuestra alma por medio de nuestro trabajo del Áshram. Cada miembro ha recibido una, después de haberla tenido unos días ante la imagen de la Madre Bendita en el altar del Maestro.

Estas flores las bendijo Dios y todos los que asistieron a nuestra meditación bimensual; añado mi humilde bendición a la de ellos.

Quisiera sugeriros que mantengáis la flor en vuestro altar, para que os acordéis de los que os amamos, del Maestro M. y de la unidad de nuestras almas en nuestros rituales de meditación. Algunas veces podéis llevar la flor puesta, para darle a otros su alegría.

La flor abierta representa el Espíritu del SEÑOR, que florece por el mundo en todos los hijos de Dios: perfecta, hermosa, radiante, divina y sin que la afecte la tormenta de los egos.

El capullo representa el potencial de vuestro Yo Verdadero. Podéis seguir la espiral de su despliegue en vuestro corazón.

Aunque esta pequeña flor sea de papel, emana el aura del alma. Está cargada con el amor de nuestra Madre María y no necesita ninguna otra fragancia.

Mark

17

Notas del Áshram

Este mensaje se grabó para tres miembros del Áshram, quienes se reunieron recientemente en una de nuestras ciudades del este. Aquí lo ofrecemos para vuestra edificación y bendición.

Cuando los dedos de Dios encendieron la llama en mi linterna que llevaba a la Tierra, fue con un propósito. Y fue un homenaje vivo a la noche en la que vimos Su estrella en el oriente.

Unid vuestro corazón con el mío al Cristo en el templo de todas las vidas. Lo nuestro es unión, unidad con Dios, sí. . . y el forjamiento de una conexión santa entre unos y otros, mientras llevamos a los hombres de buena voluntad a Dios. Una atención profunda y amorosa es necesaria para cumplir el propósito eterno.

No descuidéis los mantras ni tampoco el trabajo. El día se revelará a sí mismo. La noche se ha ido cuando llega el amanecer; pero ¡viene la tarde! Por tanto, cuando estéis en vuestro cénit y brilléis, aferraos a Dios en favor de todos los pueblos, antes de que caiga la noche.

Tejed una cadena de pensamientos hermosos, semejantes a las fragantes flores en una guirnalda hawaiana. Enviadlos a todos los seres vivos, pero ofrecedlos en especial a los santos.

Observad cómo los hombres levantan monumentos a los muertos y advertid la matanza, que es el fruto amargo de su hostilidad.

Los campos de guerra y la lucha carnal permanecen como archivos que guardan los conflictos del odio humano y de la malicia de los mortales. Estos registros se apilan capa sobre capa, mientras los siglos de la falta de humanidad del hombre hacia el hombre continúan y atan a la raza a su esclavitud bajo los dioses de la guerra y su culto a la muerte.

Pero, oh, amados, habéis venido a dotar a cada arbusto y árbol con vuestro amor, como un homenaje a la Jerarquía, a los Reyes Magos y sí, por la voluntad de Dios, al niño más pequeño en quien brilla su amor.

Los días pasados han mostrado la necesidad de cuestionar los orígenes del pensamiento. Sabéis que los buenos pensamientos se originan en vuestra alma. Pero ¿sabéis que los malos pensamientos no se originan en vuestra alma? Puesto que no proceden de vosotros ni forman parte de vosotros, tenéis que deshaceros de ellos por los medios más rápidos y mejores.

La mejor manera de luchar contra ellos es desafiarlos con la palabra sagrada de la Verdad, que los reemplazará por su sabio dominio sobre todo pensamiento y sentimiento. Después, ignoradlos y elevad poderosamente vuestra conciencia hacia el Creador, cuyos pensamientos puros como el cristal se encuentran congelados como flores, copos de nieve y cautivos en el resplandor de los arcoíris y de las alas de los pájaros.

¡Uníos a mí en el trabajo más importante de nuestro Áshram! Este es el Llamado y llamamiento para ese trabajo:

El Llamado de la Jerarquía

Se envía un llamado desde la torre de vigilancia más alta de la Tierra a los centinelas en el muro del SEÑOR.

Es un llamado a todas las hermandades que se conforman a los estándares originales esotéricos y morales de Cristo, pero que a causa de la falta de las enseñanzas prístinas de Dios no han aplicado los principios fundadores de la cristiandad en sus órdenes.

Tenéis un poderoso trabajo por hacer y sois necesarios como eslabones en las cadenas de la Jerarquía. Pero no podéis realizar ningún trabajo este día, mientras vuestra alma yazca dormida e ignore el verdadero mensaje de nuestro SEÑOR.

Por lo tanto, os proclamamos que el Señor nos ha dado poder para reactivar la llama fundadora de todas las órdenes espirituales, así como también las dispensaciones que se otorgan a las instituciones humanas.

Invitamos a todos los que sirven en el mundo, a que se unan a nosotros para hacer que renazca la mayor conciencia espiritual y resurja el ministerio del Señor que precede a la Nueva Era de Acuario.

Por consiguiente, decidimos apoyar a los verdaderos devotos de la Luz y la Verdad que acudirán a las nuevas alturas de la conciencia Divina, con el propósito de que todos los hijos de Dios puedan madurar rápidamente y ocupen el lugar que les corresponde en el sendero del discipulado hacia Cristo.

Que así sea, para que se puedan colocar piedras angulares en los arcos del templo invisible, que ayudará al Cristo Cósmico a traer el reino de Dios a la Tierra y a que la Jerarquía cumpla su misión de Amor.

Decretad conmigo esta noche en la Mente de Cristo y en la presencia de los seres exaltados ¡que son uno con la Madre Divina! Surcad el viento y la ola, así como el águila vuela a alturas inconcebibles. Evitad la lava del karma que fluye.

Por encima de todos los credos se eleva vuestro único Amor que ahora debéis dirigir hacia toda la humanidad. Porque solo aquel Amor que dais es el que podéis retener.

En la conciencia del Hijo Varón Divino, invocamos al Espíritu de Cristo en los preciados infantes sostenidos en los brazos amorosos de la Madre Divina.

¡Despertad!

Reflejad al Cristo.

Reflejad el Propósito Santo.

Reflejad a Dios.

Consumid el engaño. Vivid en la Verdad.

Elevamos el cáliz sagrado.

Llenadlo con vuestro Amor.

18

Notas del Áshram

Cuando se acerque el espectro más oscuro del fracaso, que vuestros pensamientos se proyecten hacia el Amor supremo. ¡Recordad la exactitud de la Ley, aun cuando os olvidéis de este Amor!

Hablando de la retribución, una vez más la Ley susurra: ¿Por qué os enredáis en la venganza? ¿Acaso la Ley no compensa? Elevad una oración por los caídos. Así daréis un salto hasta llegar a la estatura del Portador de la Cruz.

El amor es nuestra sustancia, tanto tejida como entretejida. De este entramado surgen sueños buenos y malos, de acuerdo con vuestro libre albedrío en el diseño del deseo.

Penetrad y conoced la sustancia de vuestros proyectos y deseos, así vendréis a la casa de la Luz, donde no existen las tinieblas.

El tiempo se convierte en una bendición cuando se recuerda siempre la mano del Creador; el espacio se convierte en una bendición cuando su Espíritu se acepta. Luchad conmigo a través del lodo del karma hasta llegar a las aguas del Jordán. Los pájaros vuelan por encima del lodo y el sol seca y purifica todo.

A los que aman el Bien, todas las cosas les ayudan a bien, «a los que conforme a su propósito son llamados», como dijo mi hermano Pablo.

Bendiciones eternas,

19

Notas del Áshram

Hay un motivo por el que abogo por el desarrollo de una conciencia mundial del Bien; porque no solo el mundo se beneficia por esta concientización correcta, sino también nosotros. Sin embargo, se debe pensar en términos de dar, en vez de simplemente recibir los frutos de la Mente de Dios.

Habéis escuchado decir: «es mejor dar que recibir». Probad al SEÑOR en este momento, al armonizar vuestra alma con las tensiones más elevadas.

Nuestro trabajo debe aliviar las tensiones negativas del mundo y manifestar tensiones creativas y constructivas. Los anhelos y esfuerzos del corazón humano para el Bien y para la Mente de Dios que esuvo en Cristo Jesús, deben generarse y regenerarse mediante las meditaciones y rituales de nuestro Áshram.

Recordad siempre que el SEÑOR, el YO SOY EL QUE YO SOY, es el Hacedor. Conformaos con ser un canal invisible para su Presencia.

Entre nosotros, se encuentran los que os cuidan siempre. Por ejemplo, uno de nosotros, un devoto de Cristo, recibió noticias, por medio de este canal, relacionadas con ciertas perturbaciones naturales que se esperaban en Estados Unidos en la próxima estación. Estos efectos kármicos se mitigaron de alguna manera, a través de la unión de nuestro amor y nuestro trabajo.

Las tormentas, las inundaciones y los violentos cataclismos de la naturaleza, son siempre el resultado de causas producidas por el hombre. Son karma. La humanidad sonreiría ante esto; sin embargo, no ha tomado medidas para corregir las situaciones. Mientras hablo, las semillas del karma continúan germinando y la humanidad no conoce un camino mejor; pero, aun así, no escucha.

Se os otorgará un cargo elevado y santo en los próximos días. Esperadlo. Rezad por él.

Es el trabajo unificado de elevar el pensamiento religioso de Oriente y Occidente. A cada uno de nosotros se nos ha dado una responsabilidad y a todos se nos ha conferido un mensaje de Amor. Construyamos un gran remanso de Amor, que alcance para el mundo entero, que sea suficiente para apagar todas las llamas del odio ilusorio del corazón humano.

Pensad con frecuencia en las palabras del Señor: «He aquí, yo estoy con vosotros todos los días, hasta el fin del mundo [fin de la era de Piscis]», y su significado más profundo es: «He aquí, el YO SOY EL QUE YO SOY en mí, la Presencia del Hijo de Dios que YO SOY, está con vosotros todos los días, hasta el fin de los ciclos de vuestro karma en la Tierra».

Cuando vemos la labor de la Madre Divina en la naturaleza y especialmente en la primavera, es fácil comprender por qué los antiguos la llamaron Madre Naturaleza. La mayoría de las personas pueden gozar de la belleza de la naturaleza; aun así, ella tiene pocos devotos que pueden ver su verdadera belleza en el Espíritu, que perdura detrás de los derruidos muros del tiempo.

Por favor, comprended que la atención personal que damos a nuestros discípulos no tiene como fin elevar el ser inferior ni tampoco menospreciar el Ser Real de los que constituyen este Áshram. Porque todos estamos interesados en mejorar la raza espiritual, mental y hasta materialmente. Y sabemos que el Bien que llega a uno es para la bendición de todos.

Hago este comentario, para que podáis ver el gran amor por todas las almas, que se manifiesta detrás de los propósitos del Rey de reyes, en cuya paz trabajamos.

En nuestro Áshram, abogo por el cultivo de la eficiencia siempre y cuando no reprima el desarrollo del alma. Por eso, solo en pro de la eficiencia se escriben estas Notas del Áshram. Con frecuencia, se dictan para atender las necesidades de un individuo o de un grupo.

En este contexto, os pido que toméis en serio que este canal necesita saber de vosotros y de vuestro progreso espiritual, para que así pueda responder a vuestras necesidades y a las de vuestro grupo de una manera práctica. Por tanto, dedicadnos unas líneas una vez al mes y dejadnos saber cómo os va. Vuestros bondadosos pensamientos siempre están allí, pero agradeceríamos una palabra directa de vez en cuando.

Que vuestra alma duerma en Dios por las noches. Habitad en las cortes de Shambala. Descansad bajo las estrellas, mientras enviáis rayos de paz a los hermanos y hermanas atrapados en la vorágine del retorno de su karma. Que puedan conocer un mejor camino es nuestra plegaria.

Bendiciones eternas,

20

Notas del Ashram

La iluminación de la naturaleza interna produce ese deseo de perfección, por la que vuestra alma clama con su anhelo más intenso. De la misma manera, la contemplación de la vida de Jesucristo con frecuencia evoca el radiante deseo por la pureza de propósito, que Él manifestó.

Querer ser un hierro candente, que marque los patrones más santos de nuestro Cristo en las vidas de incontables millones es un deseo puro y noble.

Pero ¿quién está listo para abrir la puerta al Gran Iniciador que viene a iniciar al aspirante? ¿Quién está dispuesto a recibir el hierro candente en sí mismo para la transfiguración de su propia naturaleza humana, que es el prerrequisito para alcanzar la meta?

La mente alberga ideas de grandeza espiritual; pero el ego terrenal niega la entrada a los recintos del alma al ángel de la iluminación, que viene con una espada llameante.

Por momentos, el ego queda atrapado en el éxtasis de la autotransfiguración y después se sumerge en el abatimiento de la autoaniquilación. Pero estos extremos se desvanecerán para siempre, a medida que el alma pase del sepulcro de la muerte a la cámara del Espíritu de la Resurrección.

Hoy el ángel de la resurrección se acerca a la Tierra, con el deseo de exhalar en los orificios nasales del hombre el mismo aliento sagrado del segundo nacimiento que sopló en la nariz de Jesucristo hace dos mil años.

Innumerables elementales del reino de la naturaleza se han dedicado con un amor puro al servicio de la humanidad a lo largo de los eones; sus actividades a menudo han impedido la destrucción por cataclismos del mundo.

Acordaos entonces, del servicio a la vida que prestan los espíritus desconocidos e invisibles de la naturaleza bajo la dirección de sus jerarcas y los Elohim, quienes en verdad son siervos cósmicos.

Si las preciadas salamandras, los silfos, gnomos y ondinas cumplen con gusto la voluntad de Dios (que desde ya es natural en ellos), entonces vosotros, a quienes el Padre ha dotado con el potencial para la Cristeidad, ¿qué menos podríais hacer que el amoroso servicio de Cristo hacia toda vida, por medio de vuestros rituales de meditación, sin tener en cuenta si recibís o no reconocimiento por un trabajo bien hecho?

Aceptad ahora, a través de la puerta abierta de esta gloriosa Semana Santa, la efusión del Espíritu del Señor y de los fuegos de la resurrección de los ángeles de la resurrección. Y que la verdadera iluminación de la naturaleza interna derrita los elementos discordantes de la propia ignorancia que hay en vuestro mundo.

Entonces, os convertiréis en un verdadero hierro candente en la mano de Dios, que entrega el bautismo de fuego del Santo Consolador a todos los que son llamados a presenciar en el sepulcro la victoria de la Vida eterna sobre la Muerte y el Infierno.

Tengo la esperanza de que el aumento de la actividad de las corrientes de vida que están en contacto conmigo, a través de estas Notas del Áshram y por medio de mi rayo, el cual dirijo personalmente hacia cada uno, aceleren el ritmo de la verdadera espiritualidad del mundo en los próximos días, cuando los cristianos vuelvan su atención hacia la Pasión de Cristo.

Elevamos nuestra plegaria para que las pulsaciones de vuestras meditaciones y afirmaciones de lo Bueno y lo Hermoso puedan servir para intensificar y anclar las vibraciones santas del Cuerpo y la Sangre de Cristo en la vida de innumerables almas que acuden a él para su redención.

Habitad en la fe y con el conocimiento certero de que es la voluntad de Dios que aceptéis el fuego de su Espíritu transfigurador para vuestra propia transfiguración, de manera que podáis así servir como su instrumento.

¡Que el Padre de Luces, también el Anciano de Días, derrame la llama de la transfiguración por todos los átomos de vuestro ser, hasta que impregnados por completo de la santidad de Dios, deis sin reservas a todas las almas de Luz en todas partes lo que de gracia habéis recibido: el poder transfigurador de la resurrección!

Bendiciones eternas,

Morya El

21

Notas del Ashram

A lo largo de las líneas de lo poco práctico, algunos que dicen ser estudiantes de esoterismo buscan a un Dios intelectual y hacen de su intelecto su dios. Como hechiceros marchitos, obnubilados por la ignorancia, no tienen ni una gota de espiritualidad práctica para ofrecer al discípulo que se eleva. Ni ellos mismos evolucionan.

Si hacemos alusión a lo práctico, el discípulo que medita en la practicidad del Espíritu en verdad se volverá sabio, porque aprenderá de la oportunidad que se le presenta a buscar y encontrar la unión con su Presencia Divina. La unión con Dios es la clave para elevarse. Todo lo demás puede hacerse a un lado como una trivialidad innecesaria. Por tanto, ¡el discípulo centrado en la unidad se elevará en las alas de la practicidad!

¿Por qué es tan importante elevarse? La gente ha dicho: «El sol también se eleva», «Él ha resucitado», «Te elevarás otra vez», «Ascendió a los cielos». Los sabios dicen a sus discípulos que eleven sus vibraciones. Los niños pequeños sueñan con volar aviones y elevarse por el cielo como pájaros. Y las escrituras dicen: «Aquellos que esperan al SEÑOR . . . levantarán alas como las águilas».

Sin duda alguna, esta aspiración ascendente denota que el alma también debe elevarse. Por tanto, alzad los ojos a los montes, de donde vendrá vuestro socorro. Porque, como cantó el salmista, vuestro socorro viene del SEÑOR, el YO SOY EL QUE YO SOY, que hizo los cielos y la tierra.

Toda alma que se eleva hacia Dios se está elevando a la imagen y semejanza de Dios en la que fue creada. Este patrón celestial, del cual Dios creó el alma viviente y la envolvió con su mente, forma e individualidad, permanece en el corazón del Cristo, el mismo ayer, hoy y por los siglos.

Y los Elohim crearon de manera maravillosa y bella, a partir del fíat y fóhat* original del Creador: «Y creó Dios al hombre a su imagen, a imagen de Dios lo creó; varón y hembra los creó. Y los bendijo Dios, y les dijo: Fructificad y multiplicaos; llenad la tierra, y sojuzgadla...Y vio Dios todo lo que había hecho, y he aquí que era bueno en gran manera».

Poco a poco el hombre y la mujer bajaron su mirada; y al hacerlo así, bajaron su vibración y se cubrieron con el velo de energía llamado e-veil, evil, el mal. Y el espejismo (es decir, la imagen reflejada) del mal y el bien relativos se convirtieron en la inversión de la Imagen Divina. Y los patrones de la tierra terrenales y del plano astral contaminaron y pervirtieron los patrones celestiales.

¡Ay! mediante las sutiles gradaciones de la mente y maquinaciones de la clase serpentina de ángeles caídos, decenas y decenas de miles de hijos de Dios cayeron de su dignidad divina y de su dosel protector.

Esta fue «la caída» en conciencia, en vibración, en palabra y obra por parte de los hijos e hijas de Dios, que comenzó cuando atraídos por las distracciones del diablo, desviaron su atención y amorosa adoración de su Presencia Divina. Con la

---

*fóhat: concentración del fuego sagrado, la Luz y Energía creativas que se liberan en respuesta a la Palabra hablada; el misterioso poder eléctrico de la Conciencia Cósmica, la fuerza vital impulsora, que cuando se pone en acción por mandato divino, mueve las evoluciones de un universo, un sistema galáctico, solar o un solo ser humano, desde el principio hasta el final de una misión.

pérdida del autoconocimiento de su alma y de su pureza prístina, surgió la necesidad de que las llamas gemelas se elevaran de nuevo al plano de la Primera Causa y al punto de origen: en el Principio, con la Palabra en Brahmán.

El secreto de la salvación se encuentra en este pensamiento de elevación, que se manifiesta de forma universal y en cada alma en particular. Por tanto, el ojo fuerte contempla la Presencia de Dios y su propósito en un radiante patrón de fuego superpuesto sobre todo lo visible e invisible. Esta visión clara ayuda a las fuerzas foháticas a redimir a toda corriente de vida, sin menospreciar a la propia. Aun así, el ojo amoroso eleva a todo hijo de la Luz, lo sella en un foco de Vida, Verdad y Amor eternos desde el corazón de Dios.

Sí, al contemplar y sostener la matriz inmaculada para toda parte de la Vida que es Dios, os volveréis conscientes, de una manera suave, de un fragmento de la belleza de Dios que se encuentra en el templo de vuestro propio corazón. Y para vosotros, la alegría del trabajo y de los rituales devocionales de cada día, servirán siempre para avivar esta llama de belleza y hacer que su actividad sea abundante.

Tendréis serenidad al saber que, a medida que la belleza aumente y palpite desde el altar de vuestro corazón, se elevará con ella la victoria del Amor. Porque vuestra mente se iluminará con la antorcha de la libertad y sentirá la beatificación producida por el cambio alquímico, incluso en las células y átomos del cuerpo.

Aunque los hombres no perciban este cambio, ciertamente se registrará en los pergaminos guardados en el reino de Dios. Y os daréis cuenta del cambio en vosotros mismos, en cuanto a que no permanecerán en vosotros las vibraciones de crítica, habladurías y malicia. Estas cosas simplemente no se apegan a vosotros, porque el núcleo de Luz en el cuerpo del ser Crístico las repele.

Por tanto, al girar en vuestros soles, podéis sostener en la creación terrenal de Dios, el patrón celestial de la perfección del Amor Divino. Y al reflejarlo, obedecéis el mandato de nuestro Señor: «Sed, pues, vosotros perfectos, como vuestro Padre que está en los cielos es perfecto».

Queridos corazones, se necesitan muchos chelas que deseen ver la belleza interior y, quienes la engrandezcan por medio del reflejo de su alma, en el nombre de Dios. Así resuelven su salvación con la Luz del alba y envían la silenciosa bendición de su llama a cada hijo del corazón de Dios, al anochecer.

Tened cuidado de las trampas de los caídos, que se han deslizado inadvertidamente en las ordenes exteriores que nosotros, los hermanos, instituimos en el pasado, por medio de nuestro trabajo con varias corrientes de vida. Por medio de la sutileza y de la falsa enseñanza, algunas organizaciones que patrocinamos han caído de los estándares que establecimos y retuvieron su autoridad esotérica, solo en el nombre.

Su liderazgo actual podría ataros por medio de falsos temores. Mientras recitan los preceptos antiguos cuya verdad es eterna, estas personalidades que dirigen el planeta físico en la actualidad, no se cuentan entre los seres iluminados. Poseen una gloria opaca, un reflejo tenue y polvoriento de la grandeza pasada de sus fundadores que llevaron nuestro manto.

Utilizad el discernimiento al examinar aquello que se proyecta a sí mismo como porcelana perfecta, pero que ya no lo es. Porque sus alacenas ya no tienen copas sin rajaduras y no pueden contener nuestra vibración; como veréis, ha habido muchos errores entre la copa y el borde. Los seres superficiales de hoy evitan a los verdaderos mensajeros de nuestras huestes. Recordad que vuestra lealtad es hacia la Presencia Divina y no a la persona humana.

Nosotros, los miembros de la Hermandad, os guiamos suavemente por medio de la sabiduría del Amor, para que podáis habitar por siempre en la Luz de Dios que nunca falla. Esta Luz os elevará a un lugar de tanta paz y plenitud de preceptos santos, como los que encontráis en vuestros sueños más divinos. Allí conoceréis la unidad eterna con los Hermanos de la llama del Áshram.

YO SOY victoriosamente en la Luz,

Morya El

22

Notas del Áshram

Debido a los recientes terremotos en la cadena Aleutiana, que tienen ramificaciones mucho más graves de lo que la mayoría de las mentes mundanas puedan darse cuenta, estoy llamando al Áshram a una sesión de emergencia.

Las Notas han comenzado a publicarse de nuevo, para romper un periodo de silencio que establecí en este esfuerzo.

Continuad con todos los rituales del Áshram y estableced periodos regulares para irradiar Luz desde vuestro corazón y reforzar la red de Luz que estamos tejiendo por todo el mundo. Preparaos espiritualmente para una meditación más poderosa desde el Viernes Santo hasta la Pascua, cuando ciertas condiciones como la Luz del equinoccio de primavera que multiplica la Luz de la Pasión de nuestro Señor, puede aprovecharse para la expansión del Cuerpo Místico de Dios en la Tierra.

La Luz de Dios no os fallará; no le falléis. Actuad ahora como centros de radiación, para restablecer el equilibrio interno y la armonía en nuestra Tierra y en los seres del reino de la Naturaleza.* Estoy derramando entendimiento en vosotros; sed canales para este trabajo necesario.

14 de marzo de 1957

---

*N.B. Hubo 40 terremotos de 5.0 grados o más en la escala de Richter entre el 9 de marzo y el 14 de marzo de 1957, con el centro al sur de las Islas Aleutianas en Alaska. El primero de esta serie, con epicentro a 96 kilómetros al sur de la isla Atka, alcanzó 8.1 en la escala de Richter y causó daños considerables. Los otros sismos de la serie, que se prolongaron durante todo el mes, no causaron daños.

Notas del Áshram

Esta Nota del Áshram proviene del que llamáis San Marcos, quien sirve con nosotros como el amanuense de nuestro Áshram. Estas son sus palabras de sabiduría:

Mientras que la exaltación de la virtud es de provecho para elevar la naturaleza del hombre, las lamentaciones sirven para promover un sentido de humildad.

El profeta Jeremías, humillado por el YAHVÉ y por el rechazo de su mensaje por parte de la gente, solía lamentar: «Yo soy hombre que ha visto aflicción bajo el látigo de su enojo. Me guio y me llevó en tinieblas, y no en Luz».

¿Qué mayor virtud hay que el fuego sagrado que Dios ya se ha sellado dentro de nosotros, y qué mayor causa de lamentación que su pérdida?

Con qué frecuencia ignoramos este fuego interno, mientras censuramos las semillas del error que hemos sembrado en el pasado, las que se intensifican de esta manera, por medio de nuestra atención, energía y lamento.

Si tan solo retiráramos conscientemente esta atención, energía y lamento de las semillas del error (que de todos modos nunca podrán traer liberación y libertad) y dejáramos que el Aliento Sagrado exhale sobre el fuego interno con una verdadera aceleración, pronto podríamos evitar el fruto de las siembras erróneas y dejar atrás una pira funeraria de nuestras negaciones pasadas, que nosotros mismos deberíamos construir y encender junto con el Espíritu Santo.

Al volver nuestro corazón hacia la resurrección de Jesucristo en este tiempo de Pascua, es momento para meditar en la importancia de su ejemplo. Si siempre pensáramos en los papeles que interpretó escena tras escena en el gran drama de la misión de su vida, sin emular su ejemplo y solo dejar que él lo haga todo por nosotros, nunca lograríamos nuestra victoria en la imitación de Cristo.

A menos que lo sigamos en la regeneración de nuestra alma, al transmitir su palabra y al hacer sus obras seguidas de señales, no nos pondremos el manto de nuestra propia Cristeidad, con el cual podemos apagar el fuego de la condenación y la desesperanza.

Pues en verdad debemos, si deseamos escapar de la tumba, «despojarnos del viejo hombre con sus hechos», como lo advirtió Pablo y «revestido del nuevo, el cual conforme a la imagen del que lo creó se va renovando hasta el conocimiento pleno», porque «Cristo es el todo, y en todos». Que se eliminen el sepulcro y el sudario, así como todos los hábitos humanos ¡que nos han envuelto y enterrado en la mortalidad!

No queremos nada de esto, ¡porque el Señor Cristo ha resucitado en nosotros *este día!*

Ahora es el momento oportuno. Ahora es el día de la salvación. El reino del cielo está a vuestro alcance, cuando decidáis abrir la puerta de vuestro corazón de par en par al Espíritu Santo, lo invitéis a entrar y le permitáis soplar el aliento de vida sobre la chispa divina, hasta que la llama trina vuelva a encenderse y tengáis el don de la incipiente conciencia Divina ¡para que se avive una y otra vez!

Pedid esto y lo recibiréis. El Consolador vendrá. Derramará

la llama del consuelo en vuestra mente, vuestro cuerpo y vuestro espíritu. Elevará vuestra naturaleza tripartita a la Trinidad de la divinidad de Dios en vosotros.

El fuego consumirá la escoria de la densidad. Solo dejad que la llama de Dios viva en vosotros y expandid, expandid y expandid la Trinidad de su Poder, Sabiduría y Amor. Que la reciprocidad de vuestra voluntad y de la voluntad de Dios la sostengan. Esta es la máxima cooperación del Padre y el Hijo, como Arriba así abajo, a través de la mediación del Espíritu Santo.

Mantened la visualización de la victoria de la resurrección de nuestro Señor, que tiene lugar en todo corazón de la Tierra, mientras dais los mantras adjuntos a esta Nota durante cuarenta días, desde el Miércoles de Ceniza hasta el Domingo de Pascua. Si hacéis esto como una penitencia por los pecados del mundo, le rendiréis el mayor honor y cosecharéis la mayor recompensa.

Es mejor aún si lo honráis también con los rituales de meditación nocturna, que elijáis. Porque el poder, el pensamiento y la meditación de la Palabra son inmensos para convertir las almas al Sagrado Corazón de Jesús.

San Pedro me habló muchas veces de su profundo remordimiento por las debilidades de la carne. Me dijo que al principio no se dio cuenta del significado de las palabras de Jesús, cuando su hermano Andrés lo llevó a conocerlo. Jesús lo miró fijamente y dijo: «Tú eres Simón hijo de Jonás; tú serás llamado Cefas», que quiere decir Pedro.

También os arrepentiréis, como todo discípulo eventualmente lo hace, de las debilidades humanas que afloran en vuestro servicio al Señor. Sin embargo, al meditar en la condición en que vuestro ser humano coexiste con vuestro Ser Divino, vuestra humanidad dentro de vuestra divinidad, que también fue la naturaleza doble de Jesucristo, Dios os esclarecerá muchas cosas, así como lo hizo con Pedro.

El Salvador se os revelará con una proximidad estrecha y cariñosa. ¡Y hasta podría daros un nuevo nombre! Este socorro que el Señor brinda a vuestra alma os suministrará el aceite de nardo para la preparación del templo corporal, que espera la resurrección del alma a través de la iniciación con su Rabboni.

Toda la plenitud de la gloria de la resurrección espera que reconozcáis al Cristo Interno, pero *debéis* invocarlo. Debéis vencer el sentido sin gloria de la individualidad humana y entrar en el sentido glorioso de la individualidad Crística. *Debéis* hacer la voluntad del Padre, ya sea que le guste o no a lo humano, porque no podéis llevar con vosotros lo humano cuando os vayáis. Pero el alma *debe* lograr su resurrección ¡o no irá a ninguna parte!

Debéis saber que la tesorería de vuestro Cuerpo Causal alberga a vuestra Poderosa Presencia YO SOY, al Gran Ser Divino que es más fuerte que un león alado. Esta forma de pensamiento es el símbolo de San Marcos. Para mí es una señal de la esperanza en Cristo mi Salvador y en la Presencia Divina conmigo. Sin embargo, sé que debo hacer mi parte. Y vosotros debéis hacer la vuestra.

Y mientras desempeñamos el papel que nos corresponde, descubrimos una dependencia mutua como miembros del Cuerpo de Cristo aquí en la Tierra. Esta doctrina que nos dice que el Señor trabaja en nosotros y a través de nosotros a veces parece controvertirse, pero se oculta en el misterio de Dios Padre-Madre y la Trinidad.

Exhorto a todos los que lean mis palabras a recordar los innumerables volúmenes que se han escrito, la infinidad de plegarias que se han pronunciado y las incontables vidas que se han vivido para la salvación de las almas de Dios. En verdad, no puede decirse que esta vía que recorren nuestro Dios y los santos no esté señalizada, porque San Pedro también me afirmó aquello que se registró en Hebreos:

> ¿Cómo escaparemos nosotros, si descuidamos una salvación tan grande? La cual, habiendo sido anunciada primeramente por el Señor, nos fue confirmada por los que oyeron, testificando Dios juntamente con ellos, con señales y prodigios y diversos milagros y repartimientos del Espíritu Santo según su voluntad.

Mi mensaje evangélico más divino está todavía por revelarse, porque está encerrado en el proceso mismo de nuestra ascensión. Recordad, queridos corazones, que después de la Resurrección de Jesús, el acontecimiento más sublime fue la gloria que se produjo en la colina de Betania, cuando una nube lo recibió y lo ocultó de la vista de los presentes.

Durante todos los años que falten hasta vuestra victoria en la Luz y especialmente en la temporada de Pascua, manteneos firmes a este consejo: Dejad de ver la muerte como vuestra enemiga o vuestra amiga. Dejad de hacer planes para vuestra muerte o la de cualquier otra persona.

En favor de todas las almas que evolucionan en el planeta Tierra, concentrad las energías de vuestra corriente de vida en la visualización del león alado del ser redimido, al unirse al Ser Divino con alas. Sostened en el ojo de vuestra mente la imagen de la ascensión de vuestra alma al YO SOY EL QUE YO SOY.

Que los rayos del Sol Divino de vuestra resplandeciente realidad Divina destellen desde vuestros chakras y vuestra aura. Y que los rayos del Sol de vuestro corazón se fusionen con los rayos del Sol de Helios y Vesta (el Padre-Madre que mantiene la llama de la resurrección en el centro solar de nuestro sistema solar).

Activad los fuegos de la resurrección en los templos

corporales de todos los que en la Tierra sirven al Señor, así como esos fuegos se autoactivaron en el Sagrado Corazón de Jesús y se multiplicaron por el Cristo Cósmico, quien lo cubrió hace dos mil años.

Cuando tratéis de alcanzar a Dios Altísimo y a la mano de vuestro Hermano Mayor, recordad que la Esperanza estrecha la mano de la Constancia ¡y que el Esfuerzo dará fruto!

Bendiciones por siempre y para siempre. Y que la unión Divina en compañía de los santos, las huestes angelicales y de los Maestros Ascendidos del reino del Padre esté con nosotros hasta la vida eterna.

YO SOY vuestro hermano,

Mark

El mensaje de mi hijo que trabaja en el nombre de Cristo lleva mi bendición. Os envío mis saludos con cada amanecer de vuestra vida.

Bendiciones eternas,

M.

Ritual de la Meditación de Pascua

Para activar el Espíritu de la Resurrección en todos los corazones

(Sábado de Gloria 9:00 p.m, hora de la montaña*)

I

Instrucción:

Visualicen el Corazón Sagrado de Jesús superpuesto sobre vuestro corazón y el corazón de todos los hijos e hijas de Dios y niños de la Luz.

Observen la Llama de la Resurrección en su resplandor de madre-perla como rayos de luz emitidos desde el corazón de la descendencia de Dios en la Tierra, que sale a rodear la Tierra con la vestidura envolvente de la Resurrección, una espiral de llama viva, que acelera a todos para que regresen al caminar interno con Dios, mientras dan este mantra con todo el fervor del amor de su corazón y la concentración a través del tercer ojo:

Mantra:

**¡YO SOY la Resurrección y la Vida
del fuego interior de Dios en mi corazón
y en el corazón de todos los hijos e hijas de Dios
por medio de la victoria de la Resurrección de Jesucristo
sobre la Muerte y el Infierno!†**

---

*Este ritual puede realizarse cualquier día del año en el que desee celebrar la resurrección.

†Hacer este mantra 9 veces o en múltiplos de 27 hasta 108.

N.B. Las meditaciones del Sábado de Gloria y Domingo de Resurrección se dieron originalmente el 20 y 21 de abril de 1957.

II

Instruction:

Al volverse ahora hacia la imagen de nuestra bendita Madre María en vuestro altar, visualicen el Corazón Inmaculado de María yuxtapuesto sobre vuestro corazón y el de todos los hijos e hijas de Dios y niños de la Luz. Den este mantra mientras mantienen en su mente y corazón la fuerza del concepto inmaculado de la Virgen sobre su perfección y su protección. Usen la visualización de la Llama de la Resurrección descrita en la página anterior.

Mantra:

¡En el Corazón Inmaculado de María yo confío![*]

Ritual de la Meditación de la Pascua
(Domingo de Pascua 10:00 a.m. o 10:00 p.m.
hora de la montaña)

«El Ritual Unísono»

I

Instrucción:

Mientras visualizan al amado Jesús que coloca su Presencia Crística sobre ustedes, simultáneamente viertan su amor a él y a vuestra propia Presencia Crística, al atraer al Amado a vuestro corazón, alma, cuerpo, mente y espíritu.

**¡Cristo el Señor ha resucitado, resucitado hoy
dentro de mi corazón, mi alma, mi cuerpo,
mi mente y mi espíritu!**[*]

---

*Hacer este mantra 9 veces o en múltiplos de 27 hasta 108.

24

Notas del Ashram

Al terminar el día, la dulzura inunda la mente consciente, que se satisface por la perfección manifestada, que brilla desde el portal del amanecer hasta la puesta del sol.

Hijos de mi corazón, contemplad el significado del «Evangelio Eterno». Contemplad el significado de: «dondequiera que se predique este evangelio, en todo el mundo, también se contará lo que esta ha hecho, para memoria de ella».

La transformada Magdalena, de quien Jesucristo nuestro Señor expulsó siete demonios, representa el perdón y la dulzura de la profecía: «si vuestros pecados fueren como la grana, como la nieve serán emblanquecidos; si fueren rojos como el carmesí, vendrán a ser como blanca lana».

Los Señores del Karma, al realizar este blanqueamiento del alma y de sus vestiduras por medio de la Luz Crística del perdón iniciático, insisten en que su intención sea seguir un sendero de autoperfeccionamiento y de adecuación de objetivos.

A menos que este propósito se manifieste, aunque sea de manera incipiente, la ley del perdón quedará anulada y la repetición del error impedirá que el hombre se libere del pecado. Y el hombre será solo un esclavo de su propia naturaleza de deseos y del implacable ataque que sufre el alma por parte del ego descontrolado e indómito, contra el cual, han tenido que luchar hasta los mejores santos.

El progreso es nuestra consigna; y así John Bunyan fue guiado para producir *Pilgrim's Progress* (El progreso del peregrino). Que también dejéis la tiranía de Egoland y la dictadura del rey James (el egocentrismo del rey), por la libertad de culto de los Países Bajos y más allá, mientras zarpáis en el Mayflower hacia la Tierra Prometida.

Después, desde las nuevas costas, podéis hacer una declaración de independencia de Egoland; y en el nombre de la libertad, fundéis un país en donde todos los hijos de María, «A-Mary-Ka», puedan florecer bajo Dios.

Bajo las alas de la gran águila, que encontréis refugio en el reino del cielo, el reino del Espíritu, así como también en la Tierra, para que desarrolléis vuestra naturaleza divina, así como Dios deseó que lo hicierais en paz y con una eterna buena disposición hacia las causas del amor y la libertad Crística.

La balanza de la vida revela la sensibilidad infinita del alma hacia el karma. La ley del círculo garantiza a todo hombre la justicia, que con frecuencia condena, al decir: «No hay justicia».

La Junta Kármica modera muchas reacciones negativas de causas que se extienden al mundo de los efectos, para castigar con severidad a la humanidad ofensora. En verdad, ¡no se exige esta cualidad de la misericordia!

Recordad la verdad eterna de que: «ni una jota ni una tilde pasará de la ley [del karma], hasta que todo se haya cumplido». En verdad, la ley exige el pago por cada jota y tilde del karma de la petulancia humana.

Por tanto, si deseáis implorar misericordia para que la condición mitigue el requisito de la ley kármica, acordaos de las palabras de Jesús y poned la casa en orden, antes de someter vuestra petición a la corte celestial:

«Porque si perdonáis a los hombres sus ofensas, os perdonará también a vosotros vuestro Padre celestial; mas si no perdonáis a los hombres sus ofensas, tampoco vuestro Padre os perdonará vuestras ofensas».

Es la voluntad de Dios, queridos corazones, que todos se anclen permanentemente en el espíritu del perdón instantáneo. Amados, debéis irradiar el espíritu del perdón a todos los errores cometidos por vosotros o en contra de vosotros. Porque es así como las abrumadoras acumulaciones del karma humano pueden «vaporizarse» hacia la Luz etérea y consumirse por el fuego omniconsumidor de Dios; después, las energías pueden volver a calificarse mediante el Amor.

Durante estos días, os insto a que extendáis la copa de vuestra conciencia para recibir las bendiciones que la Hermandad está enviando al mundo como una fuerza positiva. El Gran Director Divino está derramando literalmente su amor sobre los que hacen la voluntad de Dios.

Ansío ver una demostración de corazones que quieran dedicar su tiempo y energía, con tanta seriedad en este asunto de su Padre celestial como lo hacen en los temas mundanos, para preparar el camino que lleve a la máxima transmisión de la conciencia Crística a la Tierra.

¿No desearías reconocer, así como lo hizo el autor de *Julius Caesar**que:

Existe una marea en los asuntos humanos,
que, tomada en pleamar, conduce a la fortuna;
pero, omitida, toda el viaje de la vida
va circuido de escollos y desgracias.
En esa pleamar flotamos ahora,
y debemos aprovechar la corriente cuando es favorable,
o perder nuestro cargamento.

¿No desearíais reconocer esta pleamar de Luz que os envío y tomarla para inundar la Tierra con Luz y depositar el

---

*Se refiere a Francis Bacon bajo el seudónimo de William Shakespeare.

oro del corazón puro de nuestros colaboradores en el Áshram a los pies del Cristo en todos?

Y estos corazones, vuestro corazón, pueden sostener el concepto inmaculado para todo discípulo que yo considere como miembro de mi hogar. Rehusaos a aceptar como parte de su yo verdadero las fallas exteriores, como se ven en la pantalla de maya; y luego, reemplazad esas imágenes enmarcadas por la verdadera imagen de la victoria de Cristo, que brilla más allá del tiempo.

Estoy generando en vosotros, que mantenéis el contacto conmigo a través de nuestros rituales de meditación, una verdadera aceleración hacia esa santa voluntad que os permitirá vencer tanto la Muerte como al Infierno en esta vida y en este día.

Bendiciones eternas en la voluntad de Dios,

Morya El

4 de abril de 1957

25

Notas del Áshram

El Señor Maitreya desea que os transmita su mensaje.

Amados hijos:

Disponéis de unas horas preciosas, para que las ocupéis de manera inmaculada. Rezo para que vuestra memoria divina se abra en virtud de las leyes de Dios, para que otra vez podáis entrar en la dulce comunión del reino del cielo, donde moramos las huestes ascendidas.

De alguna forma, los velos del maya han ocultado de vuestra conciencia las melodías, los excepcionales perfumes, las realidades divinas y los delicados matices del reino celestial, razón por la cual han parecido irreales y lejanos.

He venido para que la puerta de la memoria pueda volver a abrirse de par en par para vosotros. Es mi deseo que podáis aprender y ganar una vez más el poder de la precipitación divina casi sin esfuerzo o mágicamente.

Trabajáis mucho y arduamente para sustentaros; sin embargo, sin vuestra atención vuestro cuerpo sobrevive cada noche a salvo, a través de la Presencia Crística, que os cuida en silencio durante el sueño y os vuelve a la conciencia física cuando os despertáis.

¿Puede fallaros el Gran Ser Divino, quien es vuestro Ser Real? Esto es imposible, si tan solo aprendierais a vivir en la conciencia de la Presencia YO SOY. Pronto os daréis cuenta, que no solo la Presencia no os fallará, sino que tampoco vosotros le fallaréis.

Porque este SEÑOR que es vuestro Guardián, preservará vuestra alma de todo mal, el velo de energía y el maya, del plano astral. Este Guardián de Israel protegerá la salida y la entrada de vuestra alma, al dejar vuestro cuerpo por la noche y viajar a Shambala para nuestras transmisiones de Luz, y después al regresar al amanecer para lidiar con el karma del día.

«Porque tuyo es el reino, el poder y la gloria por los siglos de los siglos», esto se refiere a las tres condiciones de conciencia que podéis alcanzar al permanecer en la Presencia Crística. Paso a paso recibís las iniciaciones bajo la Jerarquía de (1) el Espíritu Santo (el reino), (2) el Padre (el poder), y (3) el Hijo (la gloria).

A medida que entréis en el plano donde habito y lo relacionéis con vosotros mismos, así conoceréis a vuestra Presencia. El contacto con el cargo del Cristo Cósmico por medio de vuestra propia llama Crística, abre los canales para tener un contacto continuo con el Señor Dios y con los Hermanos de blanco. Estos mentores del Espíritu siempre están listos para ayudaros a conocer eternamente la omnipresencia del reino (del Espíritu Santo), la omnipotencia del poder (del Padre) y la omnisciencia de la gloria (del Hijo).

Como Jerarca representante del Cristo Cósmico para la gente de este planeta, derramo mi Luz de incontables maneras. Y hoy estoy bajando mi vibración al nivel del plano etérico, para poder estar muy cerca de vosotros, tan cerca como el cielo lo permita, de manera que antes de acercarme más a la humanidad, pueda caminar por la Tierra, a través de vosotros. ¡Oh vosotros que os preparáis!

Por tanto, armonizaos conmigo. Vivid con el conocimiento consciente de mi cercanía. Sed la puerta del Amor para los hijos de la Luz. Pensad en la bondad de Dios al daros la vida. Sed agradecidos. Amad al Espíritu del SEÑOR quien, aunque sin forma, os trae toda forma, la belleza, la gracia y la plena atención correcta; ¡y transformaos en mi Luz, en mi Llama Divina!

Ahora estoy fusionándome con el Espíritu de la Resurrección y en unidad con la conciencia del Maha Chohán, el Gran Señor, que es el representante del Espíritu Santo para las evoluciones de la Tierra. De este modo, por medio de nuestra venida y nuestra proximidad, cada uno de vosotros podéis invocar vuestro despertar divino en la Presencia de Dios.

Estad preparados, ¡porque el amanecer de vuestra resurrección vendrá! Y un día, cuando haya terminado vuestra misión terrenal, vendrán a vosotros y se agitarán a través de vuestro ser, como el viento entre los pinos, las corrientes de la ascensión que acelerarán vuestra alma y vuestro ser interno, hasta elevaros a la unión eterna con vuestra Presencia Divina. Solo entonces experimentaréis la plenitud de la bendición: «Porque tuyo es el Reino, el Poder y la Gloria por los siglos de los siglos».

Por favor, meditad, queridos, en estas palabras. Ruego que podáis entrar en mi Conciencia del Cristo Cósmico y en todo el impulso de mi Cuerpo Causal, de manera que pueda ayudaros a elevaros hacia vuestra propia condición Divina.

Os bendigo, os amo y os adorno con flores celestiales.

El Cristo Cósmico
Señor Maitreya

Amados hijos de mi corazón, mis entrañables jóvenes encantos a los que hoy contemplo con tanto cariño: ¿puedo añadir algo a sus palabras? Humildemente me inclino ante él. . . Hasta que nos reunamos, seguid con vuestra meditación de Luz para vosotros mismos y para los portadores de Luz del mundo. En verdad, ¡movemos montañas!

Bendiciones eternas,

El Morya

P.D. Nos reuniremos en *satsanga** con la Hermandad con nuestra meditación de apertura el 28 de mayo a las 11:00 de la mañana, para concluir con todos nuestros rituales, que comienzan a las 9:00 de la noche.

---

*satsanga [del sánscrito, *sat*: «buena, verdadera», *sanga*: «compañía»]: comunión con la verdad; comunión con gente santa, como en una congregación espiritual; compañía o encuentro de buscadores espirituales.

26

Notas del Áshram

Así como la niebla envuelve a la ciudad, de igual manera el lodo de las emociones humanas sofoca los corazones y desconecta la frágil identidad del Cristo compasivo. Sin ser de menor importancia en cuanto a estas emociones envolventes, está el orgullo espiritual.

Para beneficio de los que entran en el Sendero, así como también para los que son estudiantes de muchos años, digo que la piedra de tropiezo del orgullo espiritual debe enfrentarse directamente. El orgullo espiritual es una fuerza cegadora, tanto es así, que los que se cubren con él no lo ven ni tampoco ven sus peligros.

El orgullo espiritual da a aquellos que lo poseen un cierto sentido de superioridad en su búsqueda de metas espirituales, mientras les permite permanecer al margen de las vibraciones más ordinarias de un estilo de vida materialista. La exclusividad de estar entre los «iluminados» y por encima de las «masas ignorantes», separa efectivamente a estas personas del verdadero sendero de ser el guardián de su hermano y de su comunión con Dios, con los hermanos ascendidos y no ascendidos, tan ciertamente, como las paredes de hierro separan vuestro cuerpo de carne uno de otros.

Es tan fácil, para el adepto como para el neófito, perder la perspectiva de las metas de la eternidad. Una vez que uno se sumerge en un mar de indiferencia en la búsqueda privada y egocéntrica de los misterios del reino, está demasiado insensible y purificado como para ser consciente de las necesidades de los demás. En el proceso de deshumanizar al sendero, tanto el adepto como el neófito, pueden descartar todo el consuelo y ayuda que Dios les ha ofrecido en su búsqueda y descubrimiento de la Verdad, por medio de las avenidas abiertas por los Maestros Ascendidos.

¡Considerad el poder inmortal del Amor! El evangelio de Dios que el apóstol Pablo escribió a los cristianos en Roma fue un mensaje imperecedero que haríamos bien en recordar hoy:

> ¿Quién nos separará del amor de Cristo? ¿Tribulación, o angustia, o persecución, o hambre, o desnudez, o peligro, o espada?
>
> Como está escrito: Por causa de ti somos muertos todo el tiempo; somos contados como ovejas de matadero.
>
> Antes, en todas estas cosas somos más que vencedores por medio de aquel que nos amó.
>
> Por lo cual estoy seguro de que ni la muerte, ni la vida, ni ángeles, ni principados, ni potestades, ni lo presente, ni lo por venir,
>
> Ni lo alto, ni lo profundo, ni ninguna otra cosa creada nos podrá separar del amor de Dios, que es Cristo Jesús nuestro Señor.

Por encima de todo, que los discípulos de la voluntad de Dios no permitan que el orgullo espiritual los separe del amor de Cristo que hay entre ellos, entre Cristo y su Cuerpo Místico en la tierra y en el cielo o entre ellos y la Jerarquía, que está allí para iniciarlos por medio del amor de Cristo.

El imán del Amor nos atrae hacia Dios. «Nosotros le

amamos a él», como dijo Jesús, «porque él nos amó prime-ro». El Maestro señaló el engaño y la presunción que supone decir que se ama a Dios, mientras se odia al hermano: «Si alguno dice: Yo amo a Dios, y aborrece a su hermano, es mentiroso. Pues el que no ama a su hermano a quien ha visto, ¿cómo puede amar a Dios a quien no ha visto?» Después de esto, nos dio este mandamiento: «El que ama a Dios, ame también a su hermano».

Las racionalizaciones y negaciones humanas del estado de falta de alineación amenazan la verdadera paz de vuestra alma y detienen todo progreso en el Sendero. Porque el dejarse llevar por un sentido falso de seguridad, sin vivir en la Verdad Crística, sino en la mentira del yo sintético, es lamentable y claramente irreal.

Que los rayos disolventes, nacidos de la llama del corazón mismo de Dios, se derramen a través de vuestras emociones alteradas y perturbadoras. Como flechas de pureza, estos ra-yos salen disparados desde vuestra Presencia YO SOY para atraeros al reluciente camino de la experiencia divina.

Aquí perdéis de vista la mezquindad del orgullo y al egoísmo absoluto, al contemplar la belleza del Infinito, que simplemente es vuestro Ser Real en plenitud. Cara a cara con la gloria de Dios, ya no tenéis necesidad de los mecanismos de defensa del orgullo espiritual, intelectual o humano.

No podéis, no os atrevéis a dejar que nada, especialmente el orgullo en cualquiera de sus formas, ¡os separe del Amor de la Verdad Crística!

Al comenzar el Sendero, el orgullo puede despertarse cuando el Maestro corrige al discípulo. Rehusarse a aceptar la corrección o a admitir que uno la necesita ha terminado con el sendero de muchos discípulos en potencia. Por tanto, no debéis olvidar la enseñanza de Jesús registrada en el libro de Hebreos:

«Hijo mío, no menosprecies la disciplina del Señor [es decir, el Gurú], ni desmayéis cuando eres reprendido por él; porque el Señor al que ama, disciplina, y azota a todo el que recibe por hijo. Si soportáis la disciplina, Dios os trata como a hijos; porque ¿qué hijo es aquel a quien el padre no disciplina?».

También está escrito que la administración de la ley del karma pertenece solo a Dios y a los supervisores espirituales que él asigna; por lo tanto, tened cuidado de no tomar la ley en vuestras manos por orgullo. Porque el Señor ha dicho:

«Mía es la venganza y la retribución; a su tiempo su pie resbalará, porque el día de su aflicción [karma] está cercano, y lo que les está preparado se apresura... Mía es la venganza, yo pagaré».

Os estoy enviando mi rayo, cuya vibración os ayudará a comprender la expresión de Dios (*es decir,* Dios al expresarse acerca de sí mismo) a través de muchos. Vosotros, que estáis trabajando en este rayo de la voluntad de Dios, por decreto de vuestro buen karma, podréis forjar, con justicia divina, lazos imperecederos del Espíritu, tanto aquí abajo como en las octavas de Luz.

Por encima de todo, tened un Amor inmaculado. Porque el Amor sin mancha es la panacea de la eternidad para el orgullo espiritual y la división. El Amor da de sí mismo para satisfacer toda necesidad de los hijos de Dios Padre-Madre. Solo el Amor permite que uno vea su propio orgullo y hacerlo a un lado para llevar la vestidura del honor y de la humildad.

Trabajad en el mundo como las manos y pies del Señor. No os canséis de hacer el bien, pues los que os sometéis a la voluntad de Dios, no solo seréis un huésped de honor en Darjeeling, sino también en el centro mismo del corazón palpitante de la Divinidad.

Otra vez me despido. Buscad a Dios como el sabueso del cielo, pero ayudaos unos a otros con la leche de la bondad divina. Amad y dejad amar, para no perder el equilibrio de vuestra llama Crística y de la perspectiva de lo que es real e irreal en vosotros.

Os sello, a todos mis hijos, en buena voluntad.

Bendiciones eternas,

27

Notas del Ashram

Nuestros brazos están siempre extendidos para alcanzar a los discípulos que constantemente amplían la distancia que hay entre ellos mismos y los Maestros Ascendidos. Nos imaginan lejos de ellos y, por tanto lo estamos, porque el pensamiento hace que sea así. Pensemos: no existe el tiempo ni el espacio. Los límites de la gloria de Shekinah no pueden definirse desde su centro. Todo es Uno. Borremos las separaciones artificiales y abracémonos a través de la distancia.

Los brazos asisten cada herida, os curan y bendicen, sí, así es. Pero nuestro sublime legado desaparece de la vista al pasar la luz del día y al acercarse el anochecer. En la oscuridad, muchos pierden la visión de la belleza de su alma. Como los azotes de un látigo, una pérdida semejante debería haceros saltar hacia la Luz.

Cuán hermoso, cuán preciado es el sencillo pensamiento: belleza. Así como las flores son los pensamientos efímeros de Dios, que se comunican al hombre de forma imperfecta debido a la disminución de sus facultades de discernimiento, de igual manera ha evitado el pensamiento sobre la belleza por falta de un cáliz elevado de la mente.

Pensáis en lograr una mayor conciencia del Espíritu, como si buscarais una fórmula fantástica o un remedio milagroso, por así decirlo. Sin embargo, ¡ignoráis el pensamiento sobre la belleza! La belleza como el remedio, os concierne.

Se necesita un espíritu afín para relacionarse. Sin embargo, si se retiene el pensamiento de fealdad para manchar al alma, ¿cómo tendrá el Padre la sensación de afinidad con lo que para él es bastardo?

Al prepararos para el Áshram, no intercedo como alguien que no ha conocido la prueba, sino como el que ha visto tanto lo feo como lo hermoso.

Los estruendos de los errores pasados podrían sacudir las ramas, pero nunca arrancarán la raíz. Solo por medio de vuestro Dios aseguraréis este llamado. Mediante el sentido de belleza, se puede conocer al Cristo. Las aguas de la aflicción se separarán, golpeadas por la vara de la iniciación y el alma pasará por encima de un mar de errores hacia la Tierra Prometida.

¿Debería uno buscar la perfección y las cualidades del arhat[*] para escapar hacia el éxtasis? ¿o podría lograrlo como un colaborador de Dios? El que está iluminado y clame: «¡Nirvana!» El Espíritu del SEÑOR desea levantar a los oprimidos, curar a los afligidos y bendecir a los que están desolados.

Trabajad, elegidos, porque el Santo os ha llamado. ¿Cómo podéis dormir cuando se ha enviado el llamado de nuestro Áshram? Los clamores de los hijos de Dios son acerca de la curación, de la sabiduría y de la salvación. Enviad el pensamiento. Muchos trabajadores en nuestro viñedo necesitan el solaz de nuestra transmisión. A las horas establecidas habitad en ese Espíritu.

¿Quién es digno?

---

*El término budista *arhat* (sánscrito, «digno») se refiere a un santo que se ha perfeccionado, superado todos los obstáculos a la iluminación y alcanzó la meta del nirvana. La condición de arhat se refiere al estado o proceso de encarnar las cualidades y la naturaleza de un arhat; o la vida de mantenerse como un arhat.

¿Quién está del lado del Señor?

¿Quién tiene más amor?

¡Elevaos!

Acordaos de Magdalena y el pecado no puede deteneros.

Que la carroza sagrada de fuego os alcance.

Recordad a Elías y los átomos de la carne no pueden reteneros.

Morad en el lugar secreto del Altísimo.

Acordaos de Enoc y vuestro propio ego no os detendrá.

Un fuego estalla en la montaña. La copa de la alegría tiembla por vosotros, hijos de Sion al buscar vuestra perfección. Lo que buscáis, ¡es servir mejor! La respuesta está en la belleza. Morya ha puesto su corazón ante Cristo, al decir: «Conviértelo en tu jardín».

Oh, mi Dios, por vuestra causa y con la bendición a través de Saint Germain, pido que todos los que reciben nuestras Notas del Áshram, quienes se esfuerzan con sinceridad para asimilar la Palabra y para activar vuestra Obra, reciban una transmisión de nuestro Poder, de nuestra Sabiduría y de nuestro Amor. Mi mayor esperanza es que mi Áshram se establezca para vosotros, visible una vez más a los ojos de los hombres.

Mi América, que la sabiduría de Oriente alcance la perfección de la belleza en ti. Que el conocimiento de la libertad y de nuestro Dios cubra la Tierra. Así como el Señor ha puesto su bendita mano sobre nosotros, que así también vayamos a las ovejas perdidas de la casa de Israel y digamos: «¡el reino del cielo está cerca!».

¡En su nombre, vamos a «curar a los enfermos, limpiar a los leprosos, resucitar a los muertos y echar fuera demonios» ¡y realicemos una maravillosa obra por la fe! De gracia hemos recibido, que de gracia podamos dar.

Alegraos juntos en la obra ahora. Trabajad por la belleza de hoy en adelante, hacedla perpetua. Recordad que Dios os recompensará abiertamente por vuestra labor secreta.

Morya El

28

Notas del Ashram

Una cisterna seca necesita el agua de lluvia; de igual manera, todo el que esté vacío se llenará cuando la última lluvia caiga. La omnipresencia del Espíritu Santo pasa inadvertida entre los hombres que viven fuertemente presionados por sus propios engaños.

Bien dijo San Pedro: «Por tanto, ceñid los lomos de vuestro entendimiento, sed sobrios, y esperad por completo en la gracia que se os traerá cuando Jesucristo sea manifestado. . . porque escrito está: Sed santos, porque yo soy santo».

Nunca debemos subestimar la atracción e influencias sutiles que ejercen en nosotros los pensamientos de los demás. Porque nuestra reacción a lo negativo puede ser colosal. Sin embargo, considerad las influencias benignas. Hagámosles caso.

Por esa razón, el SEÑOR de las huestes ha dicho: «No con ejército, ni con fuerza, sino con mi Espíritu». Echad el ancla en el santuario. Porque, aunque la atracción puede llevaros a la deriva, siempre podéis tirar de la cuerda y así regresar a través del velo hacia el lugar sagrado.

Muchas son las codicias de los seres grises. Sus máscaras están llenas de belleza y sus palabras rebosan de verdad axiomática. Pero su envoltura se reviste del error, que se esconde en sus capas, mientras espera el momento para atacar.

Los siervos e hijos deberían estar igualmente alertas. La vara para medir un valor peculiar y real es en verdad la llama del Espíritu Santo.

Recordad que Dios no se atribuye la injusticia a sí mismo. Por tanto, sujetaos al ancla del Espíritu. Y aseguraos de que no se os atribuya la maldad a vosotros.

Los clamores de los que temen se elevan hacia la Madre del Mundo, pero aquellos cuyas súplicas son más escuchadas, son los hijos capaces de llevar las cargas. La Madre tiene hijas semejantes a ella, que pueden ofrecer consuelo y fortaleza a través de la pureza de corazón.

En estos días, conoced la fuerza de las escuelas antiguas de Luz, que guardaron la llama del Anciano de Días. Sabed que habéis creído en el que ha existido desde la fundación del mundo. Aunque murió varias veces, vive hoy otra vez. Su vibración nos llega en forma de onda, llena de poder, llena del Espíritu Santo, con curación santa en sus alas.

YO SOY la Resurrección y la Vida. ¡Decidlo!

29

Notas del Áshram

La oportunidad germina como una semilla silenciosamente en el corazón de la tierra, la rica tierra esconde en silencio los gérmenes de Luz sembrados, que se gestan con un propósito.

El sembrador salió a sembrar la palabra de Dios. No debéis confiar en las semillas esparcidas entre las espinas, porque el crecimiento salvaje de los principios falsos y las trampas del tentador las sofocan. Tampoco deberíais confiar en las semillas que cayeron junto al camino, porque las aves de Satanás las devoran, que se envían para llevarse la palabra sembrada en el corazón de los pequeños de Cristo.

Cultivad vuestro jardín con cuidado; preparad la buena tierra para la semilla que cosecha el fruto de la palabra. Comenzad con los primeros pasos, incluso ahora mismo. Arad vuestra parcela.

La comunión con los seres elementales de la naturaleza, con los hijos de la Luz y con los ángeles puede ser de provecho. Estas tres puertas llevan hacia Dios.

¿Cómo puede aquel reconocer las semillas puras de Luz que descendieron para crear belleza, armonía y gozo que no es capaz de trabajar con las semillas de Dios implantadas en el reino de escabel?

No se necesita destruir cuando se puede transmutar. No hay necesidad de derrumbar los viejos cimientos, cuando se pueden renovar las moléculas mediante el rayo violeta.

El llanto de Babilonia es intenso en estos días. Levantémonos y bajemos a las ciudades de la Tierra y revivamos al Amor que, aunque esté muerto en algunos, siempre es nuevo en nuestro corazón.

Benditos seáis los que escucháis y aún más benditos, los que hacéis. El Áshram todavía brilla con luz tenue este año. ¿Verán los próximos días un mayor florecimiento?

30

Notas del Ashram

¿Se necesita un pensamiento? Ur lo puede proporcionar.

Alabamos las aspiraciones nobles. Es encomiable el anhelo por el conocimiento del Espíritu. Un anhelo así solo puede satisfacerse mediante un crecimiento espiritual verdadero y por la magnitud del espíritu.

Cultivad la paciencia. Esto es necesario, de lo contrario la espiral queda floja y toda la estructura es incapaz de aguantar las presiones del cosmos.

Un establo pequeño y bien construido es mejor que una gloriosa mansión, en donde el viento de la discordia pasa entre las grietas. Puede que el ojo normal no revele la filtración, pero el ojo del arhat no requiere de una segunda mirada.

«Con vuestra paciencia ganaréis vuestras almas» fue el consejo del Maestro. «Porque os es necesaria la paciencia», su discípulo explicó: «para que, habiendo hecho la voluntad de Dios, obtengáis la promesa. Porque aún un poquito, y el que ha de venir vendrá, y no tardará».

Mientras todavía haya tiempo, buscad la magnitud del espíritu. Seréis más amados, porque para mí ya sois queridos.

Considerad el bálsamo del logro, de los buenos cimientos y del fruto del esfuerzo. También reflexionad sobre la fragancia de vuestra vida como envíos a la Madre del Mundo. Con un incienso así, adornamos el altar del cielo.

¿Acaso no sabéis que sois el herederos del Altísimo? ¿Y los coherederos del reino?

Que vuestros pensamientos se armonicen con Cristo constantemente. La llama interior puede encender de repente todo el arbusto. Las ramas secas con las verdes se alegrarán en la consagración de la integridad.

El peso del karma debe hacerse a un lado. En alas de Luz, el espíritu debe esforzarse por la unión Divina. Aquí no hay ninguna acusación. Aquí hay justicia.

Buscad la utilización correcta de las horas. Aunque la eternidad sea vuestro cáliz, no desperdiciéis ni una gota de la costosa substancia del tiempo. No digo que no descanséis, pero que el reposo sea como la pausa entre los latidos del corazón, para que el siguiente impulso os empuje hacia metas más significativas. Así lo logró Hércules; así se limpiaron los establos de Augías.

La vida tejida con luz y sonido es armoniosa, especialmente si se produce la penetración del propio espíritu como resultado. Una medición conjunta de la vida exterior con la interior establece la ley de la armonía, aun en vuestros átomos físicos.

¿Existen muchos espíritus o muchas manifestaciones del Uno? Los Ancianos de Luz son uno. Los que presionan para entrar al círculo interno se convierten en uno. Solo afuera existe la separación. El mayor solo busca servir al más joven. La juventud recibe la sabiduría de la edad y, a cambio, ofrece su fuerza; así se levantará la estructura.

Morya permanece con devoción y servicio hacia la Madre del Mundo. Desde antaño, sus devotos se bendijeron, porque el vientre de la Madre ha socorrido a muchos avatares. Muchos arhats han surgido de allí.

La vida de servicio a la Hermandad supera a toda la personalidad, que, si ha de tener vida propia, debe cambiar del error a la Verdad, del oro hacia el espíritu refinado. Pero entonces ya no será la personalidad, porque se habrá convertido en la personalidad impersonal del Cristo. Y las pajas sobrantes de la personalidad humana desaparecerán con la proximidad de la consumación del aliento sagrado de la Llama.

Mi morada es el torbellino. No me busquéis, entonces en las tierras bajas de la personalidad inferior. Sin embargo, ¡os amo personalmente a cada uno de vosotros!

Os doy mi bendición,

31

Notas del Áshram

Temprano por la mañana, al verter el alba su primer rayo desde el cáliz rosado del amor de Dios, me paré en la entrada de nuestro Áshram en Darjeeling para daros la bienvenida a través del tiempo y el espacio con un saludo vivo desde las octavas de Luz.

Hijo de la Luz, viejos y nuevos amigos, deseo cantaros una canción de las meditaciones de mi corazón, escrita hace un siglo:*

No, el corazón que ha amado de verdad nunca olvida,
Sino que en verdad ama hasta el final,
Así como el girasol se vuelve hacia su dios cuando este
    se pone
¡con la misma mirada que dirigió ¡cuando salió!

Porque os amé entonces y os amo todavía, sois bienvenidos aquí como hijos de Dios y nunca pensaré en vosotros de otra manera.

Sinceramente espero que lleguéis a conocer el significado, así como también la bendición, de «mantener el concepto

---

*El Morya encarnó como Tomás Moore (1779-1852), poeta laureado de Irlanda. «Believe Me, If All Those Endearing Young Charms», [*Créanme, si todos esos jóvenes encantos*], extraído aquí, es uno de sus poemas más queridos. Otros favoritos incluyen: «The Harp That Once through Tara's Halls», [El arpa que una vez atravesó los pasillos de Tara], «The Loves of the Angels», [Los amores de los ángeles] y «Lalla Rookh».

inmaculado» en nombre de todos y cada uno de los hijos de Dios. La ayuda que brindáis y que recibís cuando contempláis el patrón inmaculado de la perfección dada por Dios a otra persona es algo hermoso y una alegría divina por siempre.

Hemos decretado que el Áshram se dedique a la voluntad de Dios. Y hemos preparado un lugar donde la mente pueda habitar en la sabiduría de su presencia. Esto es lo que llamamos la conciencia ashrámica. ¡Aquí nuestro amor, el vuestro y el mío por el cumplimiento de la voluntad de Dios impregna la atmósfera! Porque desde la creación, la llama de esa voluntad se ha dispersado en forma de semilla en cada corazón, en cada célula y átomo.

También recibisteis esta semilla de Luz por medio de la cercanía con la llama del corazón de vuestra madre, cuando todavía estabais en el vientre. Y, asimismo, ella la recibió por medio de sus progenitores, quienes se remontan al punto de origen en la Palabra donde Dios creó el corazón de la primera Madre del Mundo.

Y, por tanto, una diminuta llama de la voluntad misma de Dios destella hoy en el cáliz de vuestro corazón desde su propio corazón. Enseñaros a avivarla hasta que brille como un diamante y a expandir su Luz, es el regalo que os brindamos a los que construís el Áshram.

YO SOY el que invoca la Luz de Dios que nunca falla, para atravesar las nubes del maya, penetrar el mundo atómico y denso de la forma y consumir sus sufrimientos y dolor, en donde estos hayan agobiado vuestro corazón.

YO SOY el que invoca la Luz de Dios que nunca falla, para dirigir hacia vuestra corriente de vida las vibraciones de armonía curativa amplificadas por los ángeles del Maha Chohán.

YO SOY el que vierte sobre vuestra cabeza el óleo de la paz desde el corazón del Elohim de la Paz. Y toco vuestros chakras con este aceite santo para restablecer el equilibrio de los ciclos.

Paz aquiétate. Que la paz sea con vosotros.

Permitíos que se os atraiga cerca de nuestra órbita en los próximos días, porque iniciaremos un impulso victorioso a través de vuestro chakra del alma, que puede transformar el desierto de la conciencia humana en ese hermoso Edén, donde la conversación con Dios es una posibilidad a cada hora. Esto se producirá a nivel individual, en quienes acepten y protejan el regalo.

Ya sea que vuestro ritmo actual de progreso siga o no por el buen camino, mientras tengáis un paso firme y constante, continuaré rezando por vosotros como lo hago, para que os convirtáis en canales más anchos y profundos para el amor puro de Dios, mientras hacéis vuestra parte para ayudar que se manifieste el reino de belleza y amor de Dios en la Tierra.

¡Unid los corazones! Nunca, nunca dividáis. Que seáis un instrumento en las manos de vuestra Madre, así como lo sois en las de vuestro Padre. Que, por medio de vuestro servicio y amor, todo el mundo sea bendecido. Nosotros, los del Áshram, te saludamos, ¡Oh, hijo de la Divinidad!

YO SOY victorioso en la Luz
y os bendigo eternamente,

Morya El

32

Notas del Áshram

Los discípulos de mi Áshram son como la túnica de José de diversos colores. Aunque tienen personalidades variadas, nosotros los Maestros Ascendidos los tejemos juntos como uno, en un verdadero vestido sin costura. Así es el concepto inmaculado que sostenemos por los devotos que día tras día se están convirtiendo en el genuino espíritu de nuestro Áshram.

Utilizamos el fuego sagrado de Dios para cargar vuestro mundo individual con el concepto de la belleza, así como lo conocemos en los niveles etérico y causal. Redujimos su vibración, para que podáis contemplarla. Su poderosa forma de pensamiento actúa en vuestro mundo como un factor unificador, mientras la multiplicáis de manera creativa, por medio de vuestra llama trina, que fusiona los corazones en una unidad divina y forma, de este modo, una conciencia ashrámica en el sentido más elevado de la palabra.

Practicad los rituales con fe y sabed que vuestros llamados ayudarán a aliviar las presiones que se relacionan con las condiciones planetarias, que soportan los Maestros Ascendidos y los iniciados no ascendidos que estudian con nosotros.

Cuando también asumáis, como parte de vuestro trabajo del Áshram, un pequeño porcentaje del peso del karma mundial, veréis que el fruto de vuestro esfuerzo se manifiesta a vuestro alrededor. Es más, vuestro servicio al mundo ayudará a equilibrar algo de vuestro karma personal y os liberará para que hagáis la voluntad de Dios, como vuestro corazón lo desee. Y de esta manera, podéis cosechar hoy la abundancia de la perfección de Dios que habéis invocado.

Cuando entreno nuevos estudiantes, mi objetivo es enseñarles cómo tejer hebras de substancia luminosa desde sus mundos individuales hacia el nuestro. Así intentamos tender un puente sobre el abismo de la conciencia, ese gran golfo entre lo finito y lo infinito, a través del cual ninguna mente humana puede pasar por su propio esfuerzo.

Al lograr la armonización con nosotros con el uso diario de los rituales, descubriréis que los hilos de sustancia luminosa se vuelven cada vez más tangibles hasta que, como cables diamantinos indestructibles, nuestras conexiones se conviertan en una vía segura, sobre la cual vuestra alma pueda viajar libremente a voluntad.

Permaneced alertas para discernir las sutiles diferencias entre la libertad y la esclavitud. El discípulo que valora su libertad recién descubierta, como una herencia espiritual de la Gran Hermandad Blanca debe recorrer el filo de la navaja de la discriminación.

La libertad no significa hacer daños y después estar sujeto al retorno de un karma destructivo. Si necesitáis un recordatorio, atad vuestro corazón a la ley de hacer la voluntad de Dios, para que así la libertad sea en verdad vuestra recompensa futura.

Aquellos discípulos que pongan su mano con confianza sobre la mía, conscientes de la unidad de su propio Santo Ser Crístico con los Hermanos Mayores, nunca se arrepentirán de este paso, mientras lo den con sinceridad.

Recordad: cada mano que se levanta extendida hacia nosotros es una mano que recibe. Para establecer un equilibrio, la generosa mano del discípulo debe extenderse a través de las Tinieblas para llevar a cabo acciones en mi nombre.

Vigilo desde la torrecilla del Áshram, mientras crecéis en amor y en servicio a la Luz que brilla, aun en medio de la tormenta más severa.

Bendiciones eternas,

33

Notas del Ashram

Con alegría, os traigo las palabras del amado Maestro Saint Germain.

Por pura desesperación, a veces, en mis encarnaciones pasadas, forjé grandes lazos de apoyo con la Hermandad. Y Dios desde su corazón misericordioso, me dotó con una fortaleza eterna y la esperanza de un mañana más brillante.

Vosotros, que camináis por el Sendero en la actualidad y enfrentáis situaciones muy semejantes a esas, con las que tuve que lidiar, haríais bien en soportar las presiones de vuestros nefastos estados de ánimo y decidir no sucumbir ante ellos, aun cuando parezca que no sois capaces de cambiarlos.

La clave para permanecer anclados en la Luz a través de los altibajos de los cambios de humor es seguir un régimen ordenado de servicio a Dios y a las huestes celestiales.

Así como algunos de vosotros habéis erigido vuestros altares en una habitación apartada, donde continuamente comulgáis con vuestro Dios, asimismo podéis establecer vuestra cooperación con la Gran Hermandad Blanca como un ritual en vuestro corazón.

Este servicio diario, en verdad os ayudará a vencer muchos estados de ánimo terribles, incluso de desaliento.

Ordenar vuestra vida en una aventura de cooperación con los Maestros Ascendidos, tal como la construcción de nuestro Áshram mundial como una fuente de apoyo para millones, elevará vuestro espíritu hacia un pináculo de esperanza, por medio de la visión que obtendréis en la fortaleza de nuestra unidad.

Elevados al Monte de la Transfiguración, día tras día a través del servicio ordenado, veréis un magnífico panorama del diseño Divino para nuestro amado planeta; os veréis como un jugador entre otros jugadores planetarios en un cosmos majestuosamente ordenado, cuyas esferas se mueven en sus recorridos habituales, mientras mantienen las cadencias del tiempo y la eternidad como las coordenadas de un reloj cósmico. Visualizamos esta máquina de movimiento perpetuo, a la que llamamos nuestro cosmos, colocada como una joya en el corazón de Dios.

Queridísimos corazones, ¡llamadme y os responderé! YO soy el que está aquí para ayudaros, así como os ayudáis a vosotros mismos a través de Cristo, que es el baluarte de nuestro esfuerzo conjunto para liberar al planeta de todo vestigio de pecado y de su dolor concomitante, hasta que Dios en acción en vosotros enjugue toda lágrima de los ojos de su pueblo.

Porque está escrito que: «y ya no habrá muerte, ni habrá más llanto, ni clamor, ni dolor; porque las primeras cosas pasaron»; las cosas que han impedido que sus hijos manifiesten la perfección, que pende con tanta gloria por encima de ellos en su Presencia Divina Electrónica y espera exteriorizarse aquí y ahora.

Que todos seáis madres divinas y salvadores en el nombre de Cristo, que asisten a la reunión del alma con su verdadero Yo Divino. También despejad el camino para los ángeles que han de liberar al pueblo de Dios en vuestro nombre.

Que el dosel azul de nuestro Áshram cubra al mundo; porque, he aquí, la Madre del Mundo viene a medianoche y al medio día.

YO SOY amorosamente vuestro,
Saint Germain

Bendiciones,

34

Notas del Áshram

He regresado recién al planeta desde «lugares desconocidos», para estar con vosotros durante esta estación festiva y escribo esta nota del Áshram para animar vuestro espíritu. Este comentario podría parecer extraño al principio, pero si os detenéis a pensar en ello, mis viajes no son más extraños que vuestras propias travesías de un lado a otro de la Tierra.

Puesto que nuestro estado es de completa libertad en Dios, estamos en casa en cualquier lugar del universo y vamos y venimos con facilidad. Que un día lleguéis a conocer esta libertad en Dios, para viajar por un universo que también llaméis Hogar.

Aquí escribo mi mensaje, especialmente para los hijos del Corazón Diamantino. Recordad que es vuestra responsabilidad aprovechar las energías de vuestro mundo individual. Esto es importante. Las fuerzas desenfrenadas del deseo crean muchos conflictos; y el sufrimiento se ha desbordado a través de los incesantes martilleos del «¡dadme! ¡dadme!» del ego humano.

En silencio, el preciado Espíritu de Dios sobrevuela la Tierra, mientras observa la extensión de su propia fuerza vital hacia varios miles de millones de corazones palpitantes. Al mirar esta hermosa exhibición de los rayos de Luz desde el corazón de Dios, que se proyectan al reino de la humanidad, resulta difícil de comprender que pueda haber otra manifestación aparte de la Luz y el Amor ilimitados de Dios.

Es nuestra ferviente esperanza que los hijos descarriados de la Tierra pronto aprendan a compartir la eterna buena voluntad de Dios en paz. Pero si desean aprender, ¿quién va a enseñarles? ¿Pueden ellos cambiar sus hábitos, sin mentores que les muestren una buena razón por la cual deberían hacerlo? Ellos buscan beneficios; por lo tanto, mis discípulos, reveladles los beneficios que se obtienen al servir a la Luz dada sin reservas, en vez de utilizarla solo para lograr metas inmediatas.

Esta noche estamos vertiendo poco a poco sobre vosotros nuestras bendiciones desde los planos superiores. Como copos de nieve se posan sobre vosotros, en conmemoración de la natividad de Jesús de Nazaret. Estos «copos de nieve» son en realidad diminutos cristales electrónicos cargados con la pureza transparente, la perfección y la alegría de la Luz.

En algunos, una llama azul iridiscente danza en un zafiro de la voluntad de Dios, mientras forma un núcleo ardiente del Buda azul. En otros, cruces de malta de cristal de amatista proporcionan el cáliz para las llamas violeta, morada y rosa que laten en honor de Saint Germain.

Estas formas de pensamiento de copos de nieve se conciben en el corazón de los Maestros Ascendidos y llevan una grabación fuerte y clara de las vibraciones de los Maestros. Sed receptivos a estos impulsos del Bien provenientes de la naturaleza Crística de los Maestros, al abrir vuestro corazón hacia ellos.

Después, simplemente dejad que el calor de vuestra Llama Divina derrita los copos de nieve y mezcle su contenido con vuestro propio ser. Porque estos añadirán una expansión radiante de vuestra naturaleza divina al foco de la Luz de Dios que hay dentro de vosotros. Al recibir tantas bendiciones, naturalmente entraréis en esa alegría que de verdad puede llamarse el Espíritu de Navidad.

Recibid este rocío cristalizado del cielo como alimento para vuestra naturaleza espiritual, así como los hijos de Israel recibieron el maná en el desierto para su sustento físico.

No califiquéis mal estas moléculas, al degradarlas al nivel del conflicto humano. No robéis la vida a estas partículas cargadas solo para mantener vuestra voluntad y capricho humanos.

Decid ahora: «Decreto y acepto que el regalo de Navidad de estos copos de nieve que las huestes ascendidas me han dado cristalizará en regalos de oro, incienso y mirra en mi naturaleza espiritual más pura».

Oh, hijos del Corazón Diamantino, ¡recoged estos tesoros, a medida que se precipitan en vuestro mundo!

Encontrad el punto de equilibrio en el corazón del Niño Crístico, desde el cual podéis encomendar vuestra alma en las manos de vuestro Padre. Porque aquí en el Infante Divino está la Vida eterna y victoriosa que podéis reclamar.

Os digo que, convertirse en un Cristo es al mismo tiempo lo más fácil y lo más difícil que podréis hacer; depende de vuestra perspectiva. Este cambio de la naturaleza humana a la divina se produce en el espíritu y no sin cierta lucha. Esto se debe a que, por ley cósmica, lo humano debe transformarse en la naturaleza divina antes de que pueda pasar a través del velo hacia los reinos de Luz.

Cristo estuvo cuarenta días y cuarenta noches en el desierto; sin embargo, venció todas las tentaciones de Satanás.

También considerad cómo Jacob luchó con el ángel desde la noche hasta el amanecer. Y no permitió que el ángel se fuera hasta que no lo bendijese. Porque Jacob sabía que la bendición sería para su transformación por medio del Espíritu del SEÑOR, desde lo humano a lo divino.

Debido al valor de Jacob que demostró en su lucha contra el yo irreal, el ángel proclamó que Jacob desde aquel momento se llamaría Israel (que se traduce del hebreo: «*Regirá como Dios*»). Porque él dijo: «porque como príncipe has luchado con Dios y con los hombres, y has vencido».

Y el ángel lo bendijo, es decir, lo inició. Y Jacob llamó al lugar, Peniel: «Vi a Dios cara a cara, y fue librada mi alma».

Una clave para la necesidad del iniciado de «cumplir con toda justicia» y de «sufrir todas las cosas», se dio cuando Jesús dijo, al referirse a Juan Bautista: «Entre los que nacen de mujer no se ha levantado otro mayor que Juan el Bautista; pero el más pequeño en el reino de los cielos, mayor es que él».

Esto significa que toda la progenie de Dios, que asume la forma y estructura humana, debe cumplir con el uso correcto de la Ley y sufrir su parte del karma planetario. Porque aquí en la Tierra son prisioneros del «humilde estado de la carne». Y aquí deben romper sus ataduras a través de la relación Gurú-chela en un sendero de Cristeidad personal, mientras que los más pequeños en el reino de los cielos están más allá de los confines de la carne, por lo tanto, en una gloria mayor.

Por medio de este trabajo del Áshram, tú, el discípulo y yo, el Gurú, gradualmente nos conoceremos mejor; y este lazo será una verdadera ayuda para vosotros. Sinceramente os digo que la amistad con un ser ascendido es inestimable mientras estáis equilibrando karma, logrando vuestra victoria sobre la Muerte y el Infierno y ganando vuestra ascensión a la vida eterna.

Tal vez esté probando vuestra paciencia al no escribiros con la frecuencia que desearíais que lo hiciera, pero (perdonadme por decir lo siguiente) pero ¡nunca me habéis escrito! Tal vez me tenéis miedo y os imaginas que soy un viejo gruñón, como una vez alguien se refirió a mí.

Ah amados corazones, ese no es el caso. No temáis, porque si alguna vez venís a Darjeeling, veréis con qué cariño os recibo. Y conoceréis el amor de mi corazón por mis chelas, así como lo expreso en estas palabras que escribí como Tomás Moore:

> No preguntes si amo todavía,
>> Estos ojos te lo han dicho muy claro;
> Sus lágrimas deben demostrarlo muy bien
>> Cuánto te quiero y lo cerca que estoy de ti...
>
> Porque no es en el momento de placer
>> Cuando puedes conocer el poder del cariño.
> No, prueba su fuerza en la pena o el dolor;
>> Trata como ahora de romper sus ataduras,
> Te darás cuenta de que el amor verdadero es una cadena
>> ¡Que ata para siempre!*

Por favor, sabed que la ley cósmica dirige y controla todas las cosas, incluidas mis cartas que os escribo. Por tanto, escribo estas cartas por medio de mi amanuense, tanto como lo permita la Gran Ley y se os envían por medio de mis discípulos de confianza en nuestro Áshram.

Muchas tareas ocupan mi tiempo y espacio, porque estoy aquí y allá, a veces en Darjeeling o en Egipto, después en Washington y de nuevo lejos en asuntos cósmicos.

Todos debemos de ocuparnos de los asuntos de nuestro Padre. Como me he dado cuenta, graduarse de las aulas de la Tierra, es solo una oportunidad más en este sistema solar y más allá, para prestar un servicio mayor hacia nuestros «pequeños hermanos», como el amado Kuthumi los llama.

Elevad los ojos al cielo, donde habita esa amorosa Presencia, el Gran Vigilante Silencioso, y relajad vuestro apego a las cosas terrenales. Procurad abandonar (al menos por un tiempo) vuestras preocupaciones diarias.

---

*Tomás Moore, «Ask Not If Still I Love» [*No preguntes si todavía amo*].

Queridos corazones, si solo pudierais ver los agraciados seres angelicales que simplemente laten con Amor Divino y anhelan alcanzar vuestro mundo para ayudaros a beber las bellezas y alegrías de esta estación, tan llena de las esencias del Amor de Cristo (que nacen entre los corazones, como flores de loto flotantes en un lago cristalino); si tan solo pudierais ver las resplandecientes auras rosa, azul y dorado de estos seres angelicales, mientras envían sus bendiciones a vuestro mundo, estoy seguro de que verlos os levantaría casi en el aire mismo.

Estoy contando con vosotros para que el próximo año mantengáis en la Tierra los regalos angelicales de Amor que os hemos transmitido en estos benditos copos de nieve. Y que compartáis gozosos la alegría de las huestes angelicales en el regalo más grande de todos:

Porque de tal manera amó Dios al mundo, que ha dado a su Hijo unigénito, para que todo aquel que en él cree, no se pierda, mas tenga vida eterna.

La victoria es nuestra, a través del Hijo de Dios.

Eternas bendiciones navideñas,

Morya El

35

Notas del Ashram

Amados hijos de la Buena Voluntad:

Sabia es el alma que puede renunciar con facilidad a los hábitos que la han atado. El Sendero se hace más fácil a medida que los felices elementales esparcen las flores del Espíritu bajo los pies del peregrino.

Algunos preguntarán: ¿cuáles son estas flores? Y nosotros respondemos: ¿no es la bondad hacia otra persona en palabra y obra una siempreviva, de acuerdo con la ley del karma?

Otros preguntarán: ¿es todo el karma malo o acaso los Señores del Karma registran también el bueno? Hijos míos, Morya sonríe.

¿Qué sucede con el poder de la radiación? Los Señores Solares proporcionan rayos extraordinarios de luz física a todos los seres vivos. La clorofila en las plantas atrapa la energía de la luz del sol y con la ayuda del dióxido de carbono y del agua, la convierte en la energía de la glucosa. De este modo, la alquimia que hay en la clorofila verde tiene la capacidad de nutrir a toda la vida.

¿Quién entonces proporcionará la radiación espiritual de la Luz del Hijo de Dios para las «masas hacinadas que anhelan respirar en libertad» de sus estados de esclavitud auto impuestos?

Se puede estar de acuerdo con que Dios, como el Gran Sol Central, siempre irradia sus atributos que son siempre buenos, sobre los justos y los injustos. ¿Sí? Sí. Y así la bomba del corazón late desde el sol central del templo corporal. Pero, sin la química de ciertas células que transportan el oxígeno desde el corazón a través de la sangre hacia las células del cuerpo, todo el organismo perecería.

Y así, aprendemos acerca de la ley de la interdependencia universal de toda la vida. Y entonces, los discípulos se convierten en centros solares microcósmicos de resplandor Crístico, vital para la vida de las manifestaciones inferiores que recurren a ellos como su fuente solar. Donde mis discípulos estén, ¡que el Hijo de Dios sea el libertador de hombres y naciones!

¿Quién de vosotros puede sostener una ciudad, una nación, sí, hasta un planeta? No os sorprendáis si se os pide que lo intentéis. Y si lo hacéis, se os advierte que tendréis éxito *solo* a través de la llama trina equilibrada, desarrollada y poderosa del Cristo en vuestro corazón. Por tanto, avivad el Amor, avivad la Sabiduría y al final avivad el Poder. Muchos podrán lograrlo por la gracia de Dios, al multiplicar sus propias obras buenas por medio de una Cristeidad establecida.

La herencia del Señor confiada de los coherederos de Cristo es ilimitada e inmensa. Pero, solo pueden reclamarla los que son capaces de sostenerla. Por lo tanto, fortaleced el recipiente del corazón para que pueda contener los tesoros de Cristo.

Mis discípulos no deben limitar sus oportunidades para el crecimiento espiritual práctico. Hemos graduado a muchas bellas almas de las aulas de la vida; algunas de ellas del planeta Tierra que recibieron sus títulos *cum laude* y con otros altos honores, están sirviendo a las ovejas del Buen Pastor en las praderas cósmicas.

Los discípulos son necesarios para el trabajo cósmico;

ellos deben prepararse, no solo para llevar el peso del manto del Pastor, sino también para sujetarlo en defensa del rebaño. Por consiguiente, que los dignos se preparen para el Llamado del Altísimo como verdaderos pastores, cuando salga hacia los confines de su reino.

A medida que os esforzáis por la perfección y aspiráis al Amor, se construye la espiral del Áshram.

¿Por qué repito con tanta frecuencia: «llamad a nuestra octava para la curación del mundo»? ¿No es porque debería animaros a llenar Su magnanimidad con Luz? Sed valientes. Comenzad a entregar mi amor de la forma más generosa, que os lo transfiero como un aceite curativo desde los bosques de pino al pie de la montaña.

Como la resina aromática del bálsamo, llamado el bálsamo de Galaad, el aceite de la voluntad de Dios que ayuda y cura se transferirá a través de vuestras manos, consolará a las otras ovejas del Señor que no son de este redil. Asimismo, debemos traerlos, para que también puedan oír la voz de Cristo.

Acordaos de Santa Teresa, que decidió ser un maestra artesana de intercesión por los demás y lo logró. Como una rosa celestial permanece cerca del corazón de Dios. ¿No podéis ser capullos de rosa y esparcir vuestro suave perfume hacia las almas que languidecen en la Tierra en la actualidad, que tanto lo necesitan? Pienso que sí.

Bendiciones eternas,

Morya El

Os agradecemos por las cariñosas cartas y los presentes de amor, sin los cuales este trabajo no podría continuar en el plano físico. El Maestro os transmite su Luz, Energía y Conciencia; sus palabras son copas en una cinta transportadora. Al leer y volver a leer, estudiad y meditad en estas Notas; las copas vacían su ofrenda a medida que viajan a través de vuestra mente.

De gracia recibís, de gracia dad. Esta es la ley de vuestra Cristeidad. Por tanto, recordad la obligación que tenéis hacia toda la vida de multiplicar por medio de vuestra llama trina en expansión, las bendiciones recibidas y de enviarlas a los hijos de Dios, que acuden a vosotros como el nexo de la Jerarquía en sus mundos.

De esta manera, cumplid con la ley de Alfa y Omega. Así, mantened el equilibrio de las fuerzas en vuestro Ser. Entonces, vaciaos vosotros mismos para que el Gran Ser Divino os vuelva a llenar y os entregue vuestra porción por medio del bendito Gurú Morya El.

YO SOY el que os bendice siempre en la Luz de Dios que nunca falla.

Mark

27 de febrero de 1958

36

Notas del Ashram

Amados Hijos de la Luz:

Las joyas son valoradas, pero ¿quién ha reconocido las piedras preciosas, imanes diría yo, que Dios ha colocado dentro de un alma viva? Las llamamos pasaportes hacia la Vida eterna.

Recordad estar atentos a vuestros niveles de vibración. Tened cuidado, pues existe el peligro de que disminuyan o aumenten mucho. ¿Cómo es eso?

La vibración baja invita a intrusos de los planos astrales inferiores, que se deslizan a vuestra psique de improviso y se mezclan con el medio ambiente que habéis creado debido a vuestra tasa vibratoria. La vibración alta invita a agresores que también provienen de los planos astrales inferiores. Estos atacan con agresividad la ciudadela de la psique y escalan los muros para tomaros a vosotros y a vuestra Luz por sorpresa o con subterfugios. Tened cuidado, porque tanto las entidades pasivas como las activas podrían ser astutas.

Por tanto, medid vuestros niveles de vibración. Esforzaos por mantener el equilibrio al nivel de vuestro Santo Ser Crístico y desde allí invocad la protección máxima de la Gran Ley, que se concede a los que guardan la llama de la conciencia Crística en la Tierra.

Sabed entonces, que Ur dice que los espíritus de irritación amenazante o de ira dominante serían rápidamente expulsados de la casa por todo discípulo, si se conociera el efecto depresivo que tienen sobre el corazón físico y sobre el chakra del corazón o si pudieran ver su efecto en las coloraciones oscuras del aura. Y lo mismo sucede con otros espíritus de las tinieblas, que emergen desde niveles de origen humano o subhumano.

Por el contrario, cuando las personas comiencen a ver que, en su cuerpo físico y chakras, así como también en sus vestiduras espirituales, se manifiestan los aspectos benéficos de las vibraciones de belleza y amor, así como de las fuerzas constructivas de su divinidad interna, acudirán en masa a los emporios cósmicos a buscar este adorno, en lugar de los cosméticos y sintéticos que solo cubren las manifestaciones de sus vibraciones negativas.

Ya conocéis el dicho de Jesús acerca de los fariseos, que eran «los ciegos guías de ciegos», que, si los ciegos guiaran a los ciegos, ambos caerían al hoyo. Bueno, os aconsejamos que tengáis compasión de los ciegos, así como lo hizo Jesús y que los curéis en su nombre.

Por tanto, imitad al Cristo que dijo del hombre ciego de nacimiento, que había nacido ciego para que «las obras de Dios se manifestasen en él». Que también utilicéis vuestras dolencias para glorificar a Dios y como una oportunidad para expiar el karma personal y planetario.

Al finalizar vuestros rituales y mantras de meditación, dirigid la Luz curativa a los que os pidan que recéis por ellos en su tribulación. Visualizad un rayo de luz blanca matizada con el color esmeralda del verde curativo del cielo, que desciende desde vuestra Presencia YO SOY, que pasa a través del corazón de vuestro Ser Crístico y después que se libera desde vuestro propio chakra del corazón hacia aquella persona cuyo sufrimiento deseáis aliviar. Aseguraos de ver este rayo de Luz como un faro omnipotente de intensa blancura. Mirad cómo entra en el cuerpo del afligido a través y bajo la dirección de su Santo Ser Crístico.

Esto es importante. Porque el Santo Ser Crístico es el mediador de la Luz y el verdadero médico personal de cada uno. Es quien recetará y regulará la cualidad y cantidad de Luz que puede absorberse y aplicarse a todas las necesidades que se tengan y no solo a una condición en particular. Porque el Santo Ser Crístico se ocupa de la integridad y la curación de toda la manifestación, desde el interior hacia el exterior, desde la causa al efecto.

Observad la cualidad de vuestro corazón, tanto en lo espiritual como en lo físico. Pedid a Jesús que limpie y purifique vuestro corazón de toda dureza de corazón, falta de misericordia y falta de perdón, de todo deseo impuro y amor posesivo. Pedid a Jesús que os muestre qué debéis hacer para convertir vuestro corazón en un cáliz del Amor de Cristo y en un instrumento de su Sagrado Corazón. Rogad a Jesús que reciba vuestro corazón y lo renueve, para que sea aceptable al SEÑOR, vuestra amada Presencia YO SOY.

Cuando hayáis hecho esto, acudid al Señor por medio de la corona interna y él os revelará los misterios del reino y las cosas ocultas de Dios; hasta vivificará en vosotros la memoria viva del Cristo y sus palabras pronunciadas hace dos mil años y en la actualidad: «Apacienta mis ovejas». Y vuestra alma verá y escuchará al Señor y *¡apacentaréis a sus ovejas!*

La gente debe despertar de la pesadilla de Armagedón al reino que nos rodea del Señor de Vida, como una realidad viviente. Preparaos para cualquier eventualidad en la octava física, para que no os arrastren las circunstancias kármicas aparentemente más allá de vuestro control, porque el tesoro enjoyado en vosotros es un regalo de Dios de incalculable valor. No os fallará si no le falláis.

Tened en alta estima las cosas del Espíritu. Meditad en la Palabra y en la Ley de Dios. Conoced el reino del Alma Superior en paz, paz, paz y en la Presencia del Cristo que ordena la paz. Ciertamente donde vuestro tesoro esté, allí también estará vuestro corazón.

Si fuera la voluntad de Dios que los ciegos se hicieran íntegros, entonces vuestras oraciones por la curación serán respondidas; si no fuera así, como suele ser el caso, entonces enseñadle a aquella persona cómo sanarse, primero de una ceguera espiritual que no le permite ver las causas kármicas de vidas pasadas que han producido su ceguera en esta vida.

Enseñadle que, si su alma se curase y si equilibrase su karma diligentemente, por medio del servicio desinteresado y de la llama violeta, entonces alcanzará el reino. Si busca curación para el cuerpo, puede recibirla; pero puede ser que no alcance el reino.

El corazón de Morya es un castillo diamantino que se levanta en la ladera del mundo, donde la estrella matutina y vespertina emite su rayo. Las puertas del castillo están abiertas para los que, con el espíritu de confianza divina en el Padre, pueden decir sin reservas: «¡*Hágase tu voluntad!*».

Que entren en mi Corazón Diamantino los que no temen seguir el sendero del Amor más verdadero; los que busquen, como Kuthumi ha enfatizado, nunca dividir, sino siempre unir los corazones de buena voluntad.

Hijos, mi rayo azul dirige hacia vosotros todas las bendiciones de los ángeles del ardiente diamante azul de la voluntad de Dios. Estos ángeles llevan su abundancia de bondad a vuestro mundo, renovada a cada momento para que sepáis a qué me refiero, cuando digo:

Bendiciones eternas,

El Morya

37

Notas del Áshram

Mis amados discípulos:

Pablo escribió en su carta a los Gálatas: «Sobrellevad los unos las cargas de los otros, y cumplid así la ley de Cristo». Sin embargo, tres versos después leemos: «porque cada uno llevará su propia carga».

Mientras cito la aparente contradicción en estos dos pasajes de la escritura, deseo subrayar que la armonía del círculo completo de la ley revela la coherencia de estas dos afirmaciones dentro de su contexto.

Primero, sabed que la «carga» a la que se refiere es la del karma personal. Después, sabed que, aunque la ley del karma decreta que todo hombre debe llevar su propia carga kármica, la ley de la gracia por medio de Jesucristo mitiga esta ley de Moisés, que llega a nosotros desde el Antiguo Testamento.

A través de la gracia de la llama Crística en vuestro corazón y de vuestra unidad con Cristo Jesús, el portador de la carga de la era de Piscis, podéis interceder por un hermano o hermana y llevar su carga en tiempos de gran necesidad; podéis pedir a Dios que os permita asumir esa porción del karma de la otra persona que sea lícito llevar. Hacerse cargo del karma de otra persona, cuando veis que está cayendo bajo el peso de su cruz kármica, es en verdad cumplir con la ley de Cristo.

Sin embargo, hay momentos en que es mejor no intervenir y tener la prudencia de Cristo, para dejar que vuestro prójimo lleve su carga kármica, porque solo así puede aprender las lecciones que su karma viene a enseñarle. No obstante, la compasión Crística y la asistencia divina siempre son adecuadas, cuando vuestro semejante está luchando con pruebas y tribulaciones de su karma.

Pero, debéis saber que está escrito en la Ley que el karma que se lleva por otros (mientras los fuertes sostienen a los débiles), ya sea por medio del bendito Salvador o de vuestro Ser Crístico, que trabaja con y a través de vosotros, algún día debe regresar a su origen para que se equilibre y transmute. Por tanto, al final, todo hombre lleva su propia carga. Cuando ese día llegue, que la tarea kármica se cumpla con la alegría de la automaestría y no con «llanto y crujir de dientes».

La hermosa melodía: «*None but the Lonely Heart*» (Nada más que un corazón solitario),* penetra los corredores de nuestro Áshram. Pero, las palabras hablan de una soledad que llega a todos a través de las separaciones más dolorosas de la Tierra.

Nadie salvo el corazón solitario conoce mi tristeza;
¡Solo y desolado saludo cada amanecer!
Busco en el cielo del alba una esperanza renaciente
¡Ay! qué es la vida para mí sin ti!

Nadie salvo el corazón solitario conoce mi tristeza;
Solo y desolado saludo cada amanecer,
Solo en la separación; ¡sin alegría, sin gozo!
Mi alma, aunque fría, con una nueva llama me consume.
¡Nadie salvo el corazón solitario podría conocer mi tristeza!

Al recorrer con mi ojo espiritual los países alrededor del mundo, veo a millones de almas que en efecto son «corazones

Nada más que un corazón solitario de Pyotr Ilich Tchaikovsky, 1893.

solitarios». Enviadles algunos pensamientos, cuando participéis amorosamente en los rituales y mantras de nuestro Áshram, para que no se sientan solos, sino «todos uno» en el Amor Divino de Dios y se animen a recoger los pedazos de sus vidas quebrantadas.

También nos acordamos de los petirrojos y de las golondrinas, la «gente común», por quienes Dios se preocupa:

Le dijo el petirrojo a la golondrina:
«En verdad me gustaría saber
Por qué estos ansiosos humanos
se apuran y preocupan tanto».

Le dijo la golondrina al petirrojo:
«amigo, pienso que debe ser
que no tienen un Padre celestial
como el que cuida de ti y de mí».[*]

El presidente Lincoln tuvo una vez un sueño en el que asistía a una fiesta del pueblo. Uno de ellos comentó que el presidente en sí era un «hombre de aspecto común y corriente». A este comentario Lincoln respondió: «La gente común y corriente es la mejor del mundo, esa es la razón por la que el Señor creó a tantos de ellos».[†]

Lo que se denomina barro, del cual el Alfarero moldeó toda la vida, es uno solo. Asimismo, el diseño que el Padre utiliza para los suyos es uno solo. El mal uso de la voluntad de Dios por parte de sus hijos y la apropiación indebida del don de libre albedrío ha provocado que los átomos y moléculas de sus cuatro cuerpos inferiores estén tan encerrados en las sombras de un karma resultante, que producen una deformación y una distorsión de la mente, la forma y los sentimientos.

---

[*]Elizabeth Cheney, «Overheard in an Orchard» [*Oído en un huerto*].
[†]Cartas de John Hay y extractos de su diario, 23 de diciembre de 1863.

Estas manifestaciones desfiguradas prevalecen en la Tierra en los planos físico y astral; pero no siempre los terapeutas o los profanos las reconocen, porque con frecuencia están escondidas en lo más recóndito de la psique a niveles subconscientes e inconscientes; sin embargo, estas fuerzas distorsionantes roban a la vida su belleza y felicidad.

Es verdad que la soledad humana es el resultado de la aparente separación entre el alma y su Dios. Las personas nunca están tan solas como cuando están en medio de una multitud. En momentos de crisis personal, este sentimiento de soledad puede volverse aterrador, hasta que el alma se vuelve hacia Dios y clama su ayuda.

La soledad no es la intención del Padre. Es más, no es real, sino que siempre es ilusoria. Porque Cristo dijo: «Yo y mi Padre somos uno»; y en el Padrenuestro dijo: «Padre *nuestro*», con lo que así muestra la herencia y acceso comunes de todos los hijos de Dios entre sí, a través de su Padre celestial.

Por consiguiente, entonces, la sensación de soledad es el karma de la propia separación de la Presencia del Señor a través del pecado o del sentido del pecado. El alma que se siente indigna de permanecer en la presencia de su Señor, debe buscar la recuperación por medio del arrepentimiento y remisión de su pecado. Debe buscar y encontrar la autoestima en Cristo y por medio de su gracia ser vencedora sobre todas las cosas que la han separado del amor de Dios en Cristo Jesús.

El alma que desee reunirse con Dios a través de la unidad del Padre y del Hijo, debe literalmente irrumpir en las ciudadelas del cielo con sus plegarias para que la llama violeta del Espíritu Santo transmute todas sus transgresiones de la Ley. Después debe invocar el firme brazo derecho de San Miguel Arcángel, para que la fortalezca en su decisión de «ir y no pecar más».

Que vosotros, discípulos de nuestro Áshram, también irrumpáis en las ciudadelas del cielo con vuestras invocaciones por consuelo, alivio, integridad y Verdad curativa, mientras ofrecéis vuestros rituales esta semana a favor de los hijos de Dios que se identifican como los corazones solitarios de nuestro mundo.

Si invocáis al Arcángel Rafael, a la Madre María y a sus ángeles de curación para que sanen a los corazones solitarios, el cielo responderá a vuestro llamado sin falta. Y si invocáis que el Espíritu del Señor DIOS descienda sobre vosotros y que el SEÑOR, vuestra Poderosa Presencia YO SOY os unja, se os concederá de acuerdo con vuestro karma de buenas palabras y obras y el nivel de vuestra Cristeidad. Y el Espíritu Santo puede realizar una poderosa obra por medio de vosotros en vuestro tiempo, así como lo hizo por medio de Jesucristo.

Después, podéis salir de nuestro Áshram con el manto de vuestras devociones ofrecidas ante nuestro altar. Entonces, os alegraréis con Isaías y sus palabras resonarán verdaderas en vuestro corazón:

> Porque me ungió el SEÑOR y me ha enviado a predicar buenas nuevas a los abatidos, a vendar a los quebrantados de corazón, a publicar libertad a los cautivos, y a los presos apertura de la cárcel;
>
> A proclamar el año de la buena voluntad del SEÑOR, y el día de venganza del Dios nuestro; a consolar a todos los enlutados;
>
> A ordenar que a los afligidos de Sion se les dé gloria en lugar de ceniza, óleo de gozo en lugar de luto, manto de alegría en lugar del espíritu angustiado; y serán llamados árboles de justicia, plantío del SEÑOR, para gloria suya.

Y porque os habréis sometido a Cristo en todo, al poner todas las cosas debajo de sus pies, muchas personas conocerán el consuelo de vuestro Dios. Y los rituales que deis regularmente sin falta los sostendrán, mientras pasan por el proceso, algunas veces doloroso, algunas veces aterrador, de reconectarse con su Presencia Divina. Y el Amor Divino que continuamente invoquéis en su nombre, desintegrará y transmutará la sombría substancia mal calificada que han ido acumulando entre ellos y su Dios.

Al entrar en la temporada, en la que los devotos de Cristo pueden tomar la espiral de la resurrección del Señor y envolverse con ella dos veces, de la cabeza a los pies, como si fuera una capa, envío el llamado desde el Áshram de la voluntad de Dios aquí en Darjeeling a todos mis discípulos, para que reciten diariamente el mantra:

**¡YO SOY la Resurrección y la Vida
de toda mi conciencia, ser y mundo!**

Como sucede con todos los mantras que os he dado en las Notas y Rituales, para obtener los mejores resultados se os sugiere que los recitéis nueve veces o en múltiplos de veintisiete hasta ciento ocho. Cuando dais este mantra «YO SOY», estáis afirmando la Presencia YO SOY de Dios en donde estáis, como la Resurrección y la Vida de toda vuestra conciencia, ser y mundo.

En verdad, los milagros pueden producirse y, de hecho, ocurren cuando recitáis toda la vasija de ciento ocho mantras. No dudéis en utilizar las cuentas del rosario para contarlos. Las cuentas de Rudraksha son las que se usan en general en la India para este propósito.

Al invocar el manto de Cristo de la Resurrección y la Vida sobre vosotros, seréis capaz de multiplicarlo por el poder de vuestro propio Ser Crístico, mientras Jesús trabaja con vosotros, para transferirlo a todos los hijos de la Luz en la Tierra. Porque vuestro Ser Crístico, con Jesucristo, tiene el poder de multiplicar infinitamente cualquier Bien Divino que podáis precipitar en la Luz como regalo de Amor desde vuestro corazón a todos los que lo merecen y lo necesitan.

Esta es la razón por la que Jesús prometió: «El que en mí cree, las obras que yo hago, él las hará también; y aún mayores hará, porque yo voy al Padre».

Al tomar parte en este esfuerzo del tiempo de Pascua, os acompañarán los Maestros Ascendidos, adeptos no ascendidos, ángeles devas y mis discípulos más avanzados, quienes no solo trabajan con el fuego sagrado de la Resurrección algunas temporadas, sino también en forma regular con la Luz de la buena voluntad de Dios.

El propósito de estos siervos de Dios, al servir con los hermanos del Corazón Diamantino, es asegurarse de que la llama de la voluntad de Dios destelle en todo corazón; esto, por supuesto, está sujeto al libre albedrío del individuo.

Por lo tanto, nuestro fíat es que el Cuerpo Místico de Dios, uno en el cielo así como en la Tierra, se cargue con la Luz de la voluntad de Dios, completamente preparado para recibir la llama de la Resurrección en la mañana de Pascua.

Os sugiero que pongáis vuestra imagen o estatua favorita de la Madre María, la Madre de Jesús, en vuestro altar. Meditad en su Corazón Inmaculado y ofrecedle vuestras plegarias y mantras. Llevad todos vuestros problemas a su Corazón Inmaculado y veréis que no os fallará, mientras no le falléis. Porque así lo establece la Ley.

Recordad, la Bendita Virgen sostiene el concepto inmaculado de la belleza de la vida y perfección deseada, en favor de todos los hijos de Dios, hasta que uno por uno regrese a la gloria que conocían con el Padre en el Principio, antes de que el mundo existiese.

Tened en mente, que si vivierais en la comunidad de mi Áshram en Darjeeling, se os exigiría que respetarais y cumplierais mis directivas, así como los monjes y las religiosas de las órdenes santas respetan la aplicación de las reglas impuestas por sus superiores.

Por consiguiente, os hago una promesa: si aceptáis mis palabras publicadas en mis Notas del Áshram, tanto al escucharlas como al hacerlas, con fe en Dios y en el poder que me ha dado para transmitiros estas palabras por medio de mi amanuense; y además, si recibís el consejo que os doy y seguís mis directivas, mantenéis así los rituales con diligencia y os armonizáis de este modo con y encarnáis mi Presencia Electrónica con el tiempo; si sois capaces de sostener el rayo de Luz desde mi corazón al vuestro y enviarlo de regreso, entonces sin importar lo difícil que pueda parecer esa proeza para la mente externa (que siempre está inclinada a dudar, queridos corazones), ciertamente recibiréis los mismos beneficios de nuestra asociación que reciben mis discípulos que viven bajo el techo de mi Áshram. Y os invito a viajar en vuestro cuerpo sutil a mi retiro etérico escoltado por mis ángeles, según podáis.

Solo si falláis en cumplir vuestra parte en esta gran ecuación, se os puede privar de la mayor bendición que puede llegar a los que evoluciona en el planeta Tierra: el contacto con la Jerarquía.

Este es un compromiso importante que estoy haciendo con cada discípulo que llegue a un acuerdo conmigo y haga tal promesa.

Sed libres. Conoced el Bien del Todo y sabe que el Todo está en todo. Ten el valor de saber la Verdad, hacer lo que es

Verdad y realizar las obras de la Verdad Crística. Atreveos a trabajar para la gloria de Cristo en todos y después callar, para que la semilla plantada de la Verdad pueda crecer y manifestar esa gloria ¡en la resurrección de un alma viva!

Vuestro con esperanza,

El Morya

Os agradecemos por vuestras plegarias, invocaciones y amorosa cooperación que nos brindáis con fe. Os damos gracias por sustentar esta labor. Que vuestra Luz aumente. Según deis, así recibiréis. Dios os bendiga.

El personal del Áshram

2 de marzo de 1958

38

Notas del Áshram

Amados, con alegría me hago a un lado para que Saint Germain pueda transmitiros su mensaje.

Estoy dirigiendo cada vez más la gloria de mi rayo sobre la gente de la Tierra. El anhelo que hay en el corazón del pueblo de Dios por una verdadera libertad no ha disminuido ni tampoco mi esfuerzo por mantener encendida la llama de la libertad en todas partes.

Nunca los acontecimientos de la Tierra se han mostrado más desafiantes ni han estado tan presentes las posibilidades para una victoria o una derrota total. La esperanza de justicia social para todos aguarda en el portal del libre albedrío, mientras el coloso de la ciencia sigue arrasando.

Sin embargo, la interpretación de los eventos que transcurren queda bajo la lente de la percepción humana. Algunos eligen aumentar de manera desproporcionada lo que carece de importancia y al mismo tiempo minimizan los asuntos urgentes de la Hermandad. Esta es una técnica de evasión que utilizan todos los que, en su rebeldía contra Dios, se rehúsan a lidiar con la realidad.

Otros, gracias a Dios, se conforman con poner su fe en nuestros esfuerzos, mientras confían en nuestra previsión y advertencias de «las cosas que deben suceder pronto», conscientes del Espíritu e ignoran cualquier defecto aparente en nuestros representantes humanos, que podría brotar a la superficie.

Os aseguramos que nuestros logros cósmicos de eras pasadas y de otros mundos no se construyeron sobre las imperfecciones, sino sobre el arte impecable de los adeptos. Centramos nuestra atención en la meta y en su precipitación perfecta, desde el patrón interno hasta la manifestación física. ¡Y lo logramos!

La Ley de la Vida decreta que el ojo sea único y que el plan se someta al Logos Solar. Una vez aprobado, los constructores con la atención centrada en la geometría del diseño, pueden comenzar a construir la matriz para que descienda a la forma esa estructura que incluirá las armonías superiores por medio de sus claves matemáticas.

De este modo, los adeptos conocían las leyes del fóhat y edificaron sus templos para atrapar las frecuencias del Espíritu en la Materia, por medio de los ángulos de su arquitectura y de los materiales especiales de construcción que utilizaban. Tenían el propósito de unir el cielo y la tierra por medio de una ingeniería desconocida en la Tierra en la actualidad. Y lograron esto en las civilizaciones más avanzadas de Atlántida y Lemuria. Sus proezas no se han igualado desde entonces, aunque quedan vestigios, como las pirámides.

Para comenzar, os sugiero que probéis la ley que dice que manifestaréis cualquier cosa en la que centréis vuestra atención. Si hubiéramos puesto nuestra atención en el mundo de la apariencia en nuestras encarnaciones pasadas, nos hubiéramos convertido en él. Y nunca hubiéramos logrado la maestría Divina que encarnamos en la actualidad.

Podéis ver, estoy seguro, que, aunque nosotros los Maestros Ascendidos somos libres de dirigir el Séptimo Rayo de la libertad hacia todos los que por su devoción a la libertad son capaces de llevar su rayo, dependemos de la utilización constructiva del libre albedrío por parte de todo el que lo recibe.

Por tanto, por medio del uso iluminado y responsable de nuestro rayo podéis llegar a ser como nosotros mismos en acción en el mundo. Como nuestras manos y pies podéis extender los confines del reino de Dios hacia el mundo agitado de los hombres. Y a través de vosotros, calmaremos las tormentas y llevaremos el dominio Divino a los corazones amorosos.

Las personas de todas las clases sociales necesitan un ángel encarnado, «en la carne», que mantenga el equilibrio por ellos (hasta que sean capaces de mantenerlo por sí mismos), y que los fortalezca para que tomen las decisiones correctas y en el seguimiento de la acción, hasta su culminación.

Benditos corazones, ¡hemos ganado nuestra libertad! Mientras estuvimos en el mundo, fuimos la Luz (es decir, la Presencia Crística) del mundo, como dijo Jesús, pero ya no somos parte del plano físico.

Jesús os pasó la antorcha cuando os dijo: «Vosotros sois la Luz del mundo». Ahora depende de los seres no ascendidos como vosotros, que apreciáis el valor del contacto con la Jerarquía y podéis aceptar vuestro llamado a ser seres Crísticos y a uniros en el esfuerzo cooperativo de este Áshram mundial.

Ahora es el momento de sellar vuestra Cristeidad, de internalizarla y dirigir vuestro libre albedrío conscientemente alineado con el plan perfecto de Dios. No sigáis a los discípulos falsos que permiten que sus energías fluyan de manera caótica hacia el turbulento río astral de exploraciones psíquicas, que actúa para desviar a la raza humana del camino para encontrar a Dios en nombre de una religión de vanguardia.

A medida que los cielos terrestres reflejan la agitación interna y el tormento de las emociones y las voluntades rebeldes del hombre, asumen una apariencia plomiza o pesada. De esta manera, la naturaleza se libera del potencial destructivo de las

siembras del hombre, al dar rienda suelta a tormentas torren-
ciales, tornados, huracanes y finalmente a cambios o cataclismos en la Tierra, por la violencia reprimida de la conciencia
humana desenfrenada que está en conflicto con la Deidad.

Los cielos azules de la buena voluntad se opacan tempo-
ralmente por el estruendo de una mala voluntad disonante.
Sin embargo, la causa de todo el sufrimiento de la humanidad
puede remontarse hasta su estado fuera de alineamiento. Están desalineados con la voluntad de Dios. Desafían las leyes
de Dios «escritas en sus corazones» registradas en toda célula
viva desde la fundación del mundo.

Las leyes de Dios están resumidas en el Amor de Cristo,
quien ordenó a sus discípulos: «Que os améis unos a otros,
como yo os he amado». En verdad, el amor Crístico es la curación del orgullo, de la rebeldía y de la venganza; pero solo
en aquellos en quienes el amor de Cristo predomina sobre su
orgullo, rebeldía y venganza.

Mi leal colaborador, El Morya, al comentar sobre las enseñanzas del Buda Gautama acerca del sufrimiento humano, ha
insinuado esto con frecuencia. Porque él trabaja para sembrar
las semillas de la buena voluntad en todos los corazones, así
como yo trabajo para transmutar por medio del fuego violeta
del amor puro de Cristo, la oscuridad autoimpuesta de la mala
siembra de la humanidad, ya que han seguido ciegamente a los
líderes ciegos mientras estos propagaban las semillas del mal.

Si mis palabras parecen ser redundantes, tened en mente
que «¡Bien! ¡Bueno! ¡Bien!» repetido con frecuencia (porque
es de hecho el nombre de Dios) es el pronunciamiento de la
aprobación de Dios de su creación en vosotros y de vuestras buenas obras ejecutadas en su nombre. Su repetición es
inofensiva, hace reflexionar y es autogeneradora del Bien de
Dios dentro de vosotros.

Su polo opuesto: «¡Mal! ¡Mal! ¡Mal!» dicho como un

pronunciamiento de desaprobación de uno mismo, de los propios hijos o hasta de los propios animales, es una condenación detestable; es maldecir a sus personas, a sus almas y a la vida elemental. Puede ser sutil, como una denigración de sus palabras o de sus obras, pero la dolorosa punzada del sufrimiento o dolor infligidos no será menor.

Incluso mientras escribo, los hijos de las Tinieblas no dejan de sembrar sus semillas de discordia entre los hermanos de la Luz; sus improperios y juicios pueden dejar cicatrices en la psique, pero no temáis, la llama violeta consumirá la fuerza de su pecado contra los hermanos, en todos los que aman más al Amor de Cristo.

Las fuerzas, cuyo día está por terminarse en este planeta, han organizado sus tropas para enfrentarse a los portadores de Luz en una batalla espiritual de Armagedón. Esta guerra de guerras amenaza con oprimir a los numerosos pequeños puntos de Luz que constituyen nuestros focos espirituales por todo el planeta y con dividir a las mismas almas, a las que nos esforzamos por unir.

Una batalla espiritual de almas ya se está librando en las iglesias, sinagogas, templos, mezquitas y órdenes espirituales de todo el mundo. La lucha entre hermanos es feroz, porque debido a la división en sus miembros caen presas de las tácticas divisorias de demonios desencarnados y encarnados.

Por tanto, pido a los miembros de nuestro Áshram que estéis firmes a la altura de las circunstancias y mantengáis la llama de la unidad por los hermanos no ascendidos en vuestros rituales, mantras y meditaciones diarias. Os pido que recuperéis vuestra fe y la de ellos en la Luz del Hijo de Dios en todos los que son de Dios, en medio de una oscuridad planetaria que solo puede apagarse más, a menos que los portadores de Luz tomen dominio sobre su Cristeidad y se conviertan en la Luz del mundo.

No os desaniméis, porque estamos observando y asistiendo los esfuerzos de cada alma que lucha y busca la Luz. Practicad la fe en la Presencia de Dios en vosotros y en vuestro prójimo, como lo dijo Jesús. Practicad la esperanza y la caridad al ofrecer llamados a Dios Padre-Madre en vuestro altar, para la protección y el perfeccionamiento de las almas que son llamadas para traer el reino de Dios a la Tierra en la próxima era dorada.

Que mantengáis el flujo de las ondas de paz Divina desde vuestro plexo solar hacia todos los niños de la Luz, que duermen y deben despertarse ante la urgencia del momento, que para ellos no parece ser apremiante. Elevamos nuestra poderosa plegaria para que lleguen a salvo a la otra orilla.

La plenitud celestial vierte su Vida abundante en los mundos de mis amigos de corazón de todos los tiempos, así como también en los mundos de los hijos de la Luz que se unirán a ellos para invocar el Séptimo Rayo y su llama violeta de libertad. Que se dirija a todos los que aplican sus abundantes bendiciones con sobriedad y respeto por la Voluntad de Dios y se comprenda que las decisiones que se toman cada día se ejercen no solo por la gracia del don Divino del libre albedrío, sino también por mi patrocinio, que sentó las bases de la libertad en la Declaración de Independencia y en la Constitución de los Estados Unidos de América.

Este es el mismo Espíritu de Libertad que hizo posible la resurrección del Cristo desde la tumba del jardín y lo llevó a su liberación en el monte de Betania.

¿Habéis alguna vez pensado en lo que realmente significa la libertad? Nadie puede ser verdaderamente libre hasta que no se libera de las creaciones erróneas de su propia mente. Porque estas piedras mentales de tropiezo hacen que se encierre en una prisión más impenetrable que la misma conciencia humana, porque está compuesta de la energía acumulada de su propia corriente de vida y de los cimientos de su propio sistema hermético de creencia.

Y el velo del engaño con el que la mente carnal ha cubierto el rostro del alma es un velo de autoengaño.

Para que el alma no sea engañada debe destruir al ser irreal, antes de que la destruya a ella. Solo su pureza en el amor de Dios puede liberarla de la mente carnal.

Cito las palabras de Pablo que escribió a los cristianos en Roma. El mensaje se le dio directamente desde el corazón de Jesús y no se puede expresar de mejor manera:

> Porque los que son de la carne piensan en las cosas de la carne; pero los que son del Espíritu, en las cosas del Espíritu.
>
> Porque el ocuparse de la carne es muerte, pero el ocuparse del Espíritu es vida y paz.
>
> Por cuanto los designios de la carne son enemistad contra Dios; porque no se sujetan a la ley de Dios ni tampoco pueden;
>
> Y los que viven según la carne no pueden agradar a Dios.
>
> Mas vosotros no vivís según la carne, sino según el Espíritu, si es que el Espíritu de Dios mora en vosotros. Y si alguno no tiene el Espíritu de Cristo, no es de él.
>
> Pero si Cristo está en vosotros, el cuerpo en verdad está muerto a causa del pecado, mas el espíritu vive a causa de la justicia.
>
> Y si el Espíritu de aquel que levantó de los muertos a Jesús mora en vosotros, el que levantó de los muertos a Cristo Jesús vivificará también vuestros cuerpos mortales por su Espíritu que mora en vosotros.
>
> Así que, hermanos, deudores somos, no a la carne, para que vivamos conforme a la carne;

Porque si vivís conforme a la carne, moriréis; mas si por el Espíritu hacéis morir las obras de la carne, viviréis.

Mi propósito es que se rasgue en dos el velo tejido a partir de la enemistad de la mente carnal con Cristo y de la conciencia mundana que esa mente ha puesto en el alma como una mortaja. La llama de la libertad consumirá toda la enemistad del ser irreal contra Dios y su Cristo. Solo llamadme a diario sin falta para que sature vuestra alma con la llama violeta y brindadle, aunque sea la décima parte del esfuerzo que empleáis para formar las atracciones de la carne.

Que la llama de la libertad del YO SOY EL QUE YO SOY que resplandeció ante Moisés en la zarza ardiente que no se consumía y que después grabó la ley en tablas de piedra en el desierto del Sinaí, continúe abriendo un resplandeciente sendero hacia la nueva era de libertad espiritual, con el mismo celo que tuve en el corazón, cuando como Colón navegué a bordo de la *Santa María* hacia el Nuevo Mundo; y cuando estuve en el Salón de la Independencia el 4 de julio de 1776 para catalizar a los patriotas a «¡Firmad ese documento!» para la libertad de toda la humanidad.

YO SOY el que pongo *mi* fe, *mi* esperanza y *mi* caridad en iniciativas como el Áshram de El Morya, con la convicción de que el anhelo de vuestro corazón de encontrarse con Dios cara a cara y la comprensión de vuestro corazón de que realizar una obra para la Gran Hermandad Blanca en esta era es el camino más seguro hacia esa meta.

Que deis gracias a Dios todos los días que Morya os haya proporcionado los medios: un sendero de servicio que diariamente es recompensado por la instrucción del Maestro y las pruebas de vuestra alma.

Que os consuele la Luz en la colina que nunca se ha de ocultar. Porque vuestra Luz es una sola en el Áshram y como el Áshram. Y siempre recordad que vuestro Salvador ha dicho: «Sois la Luz del mundo». Y al decir esto, el Señor dio a vuestra alma un fíat para la era de Piscis.

Estamos aquí para ayudaros a cumplir con el mandato que os dio. Por tanto, ¡mantened esa llama de la libertad encendida! ¡encendida! ¡encendida!, y nunca dejéis que se apague la ¡esperanza! ¡esperanza! ¡esperanza! de nuestra causa común:

¡Libertad Divina para toda corriente de vida que ha descendido desde el Gran Sol Central y para toda alma viviente en este bendito planeta que permanece al servicio del Anciano de Días!

YO SOY siempre vosotros mismos,
Saint Germain

Recuerdos eternos,

El Morya

6 de abril de 1958

39

Notas del Ashram

Queridos hermanos:

Así os saludo, porque es inimaginable que me refiera a vosotros de otra manera, desde el más pequeño al más grande en la cadena de la Jerarquía.

En verdad, es mi deseo que sintáis tal ternura hacia todos los hijos de la Luz, sin importar cuánto se hayan desviado del corazón de nuestro Padre, porque, en su corazón todavía arde su llama. Y en ella está la imagen Divina del mismo Alfa.

La armonía que expresáis al trabajar con los que aman las cosas de nuestro reino procede del cielo mismo; y la energía de esa cooperación calificada por el poder del Amor se vuelve eterna en los que se aferran a ella.

No necesito recordaros, puesto que conocéis la ley: se desperdicia la energía que se vierte en tonterías humanas. Cuando comenzáis a perder el tiempo en las búsquedas sin propósito de esos hijos rebeldes que todavía no han llegado a la Luz como vosotros, en vez de dar el ejemplo de un modo de vida superior con propósito, retrocedéis a su nivel y creáis un montón de karma para vosotros mismos, porque conocéis lo que es correcto.

Porque a todo aquel a quien se haya dado mucho, mucho se le demandará; y al que mucho se le haya confiado, más se le pedirá.

Acontecimientos de importancia para los hijos de la Tierra se acumulan como nubes oscuras, porque los peligros de un conflicto militar se han intensificado en las últimas semanas. Os llamo, ya que mostrasteis ser dignos de confianza en el pasado, para que derraméis vuestras plegarias a los Señores del Karma y a las huestes ascendidas, con el fin de que carguen la cualidad de la Paz del Cristo Cósmico en el vórtice de todo conflicto potencial y cambien así su impulso de guerra mundial hacia una paz mundial.

Jesús profetizó sobre estos días:

> Y oiréis de guerras y rumores de guerras; mirad que no os turbéis, porque es necesario que todo esto acontezca; pero aún no es el fin.

El presagio kármico de guerra a nivel planetario está escrito allí en ákasha* para las últimas décadas del siglo. Solo los que actúen a tiempo para resolver todo conflicto en la psique serán capaces de sostener el equilibrio de paz para el planeta cuando descienda el karma de las naciones:

> Porque se levantará nación contra nación, y reino contra reino; y habrá pestes, y hambres, y terremotos en diferentes lugares. Y todo esto será principio de dolores...
>
> Por tanto, cuando veáis en el lugar santo la abominación desoladora de que habló el profeta Daniel (el que lee entienda), entonces los que estén en Judea, huyan a los montes.
>
> El que esté en la azotea, no descienda para tomar algo de su casa...
>
> Porque habrá entonces gran tribulación, cual no la

---

*Ákasha [del sánscrito, la raíz käs, que significa «ser visible, aparecer», «brillar vivamente», «ver con claridad»]: sustancia principal; la esencia más sutil y etérea, que llena todo el espacio; energía «etérica», que vibra a una frecuencia tal que absorbe o registra todas las impresiones de la vida.

ha habido desde el principio del mundo hasta ahora, ni la habrá.

Y si esos días no fuesen acortados por el Señor, nadie sería salvo; más por causa de los escogidos, aquellos días serán acortados...

E inmediatamente después de la tribulación de aquellos días, el sol se oscurecerá, y la luna no dará su resplandor,

Y las estrellas caerán del cielo, y las potencias de los cielos serán conmovidas...

El cielo y la tierra pasarán, pero mis palabras no pasarán.

Pero del día y la hora nadie sabe, ni aun los ángeles de los cielos, ni el Hijo, sino solo el Padre.

Solo cuando busquéis la paz de Dios en todo lo que hagáis, encontraréis el sendero hacia nuestra morada. No estamos tan lejos de vosotros y con frecuencia pasamos desapercibidos entre vosotros, porque a veces vuestros pensamientos lamentablemente tienen una vibración terrenal que es menos que apacible y lejos de la Presencia que ordena la paz de nuestro Salvador Jesucristo.

No podéis ser instrumentos para la «Paz en la Tierra, buena voluntad a los hombres» mientras haya una lucha en vuestros miembros.

Pablo describió cómo es ser esclavo de la ley del karma, de pecar y luchar contra el pecado, hasta que llega la redención del alma por medio de Jesucristo y el equilibrio lícito del karma personal por medio del bautismo del fuego sagrado del Espíritu Santo, que consume la causa, efecto, registro y memoria del karma a través de una vida de santidad y de sumisión a Dios:

Porque lo que hago, no lo entiendo; pues no hago lo que quiero, sino lo que aborrezco, eso hago.

Y si lo que no quiero esto hago, apruebo que la ley es buena.

De manera que ya no soy yo quien hace aquello, sino el pecado que mora en mí.

Y yo sé que, en mí, esto es, en mi carne, no mora el bien; porque el querer el bien está en mí, pero no el hacerlo.

Porque no hago el bien que quiero, sino el mal que no quiero, eso hago.

Y si hago lo que no quiero, ya no lo hago yo, sino el pecado que mora en mí.

Así que, queriendo yo hacer el bien, hallo esta ley: que el mal está en mí.

Porque según el hombre interior, me deleito en la ley de Dios;

Pero veo otra ley en mis miembros, que se rebela contra la ley de mi mente, y que me lleva cautivo a la ley del pecado que está en mis miembros.

¡Miserable de mí! ¿quién me librará de este cuerpo de muerte?

———————

Después de liberarse, a través de la unidad de su corazón con la gracia llameante de Jesucristo, Pablo exclamó:

Gracias doy a Dios, por Jesucristo Señor nuestro. Así que, yo mismo con la mente sirvo a la ley de Dios, mas con la carne a la ley del pecado.

Ahora, pues, ninguna condenación hay para los que están en Cristo Jesús, los que no andan conforme a la carne, sino conforme al Espíritu.

Porque la ley del Espíritu de vida en Cristo Jesús me ha librado de la ley del pecado y de la muerte.

Recordad que no necesitáis perder la alegría para encontrarnos a nosotros y al Padre de toda Vida. Solo tenéis que abandonar las tristezas y cambiarlas por la alegría eterna, mientras realizáis una obra de Amor incesante de día o de noche.

Esforzaos más por alcanzar nuestro círculo, en paz. ¡Anhelo comenzar el proceso de iniciar a los que son dignos!

Morya espera.

YO SOY vuestro,

Morya El

1 de agosto de 1958

Decretos de Corazón, Cabeza y Mano
por El Morya

Fuego Violeta

Corazón

¡Fuego Violeta, divino Amor,
llamea en este, mi corazón!
Misericordia verdadera Tú eres siempre,
mantenme en armonía contigo eternamente.

Cabeza

YO SOY Luz, tú, Cristo en mí,
libera mi mente ahora y por siempre;
Fuego Violeta brilla aquí,
en lo profundo de esta, mi mente.

Dios que me das el pan de cada día,
con Fuego Violeta mi cabeza llena.
Que tu bello resplandor celestial
haga de mi mente una mente de Luz.

Mano

YO SOY la mano de Dios en acción,
logrando la Victoria todos los días;
para mi alma pura es una gran satisfacción
seguir el sendero de la Vía Media.

Tubo de Luz

Amada y radiante Presencia YO SOY,
séllame ahora en tu Tubo de Luz
de llama brillante Maestra Ascendida
ahora invocada en el nombre de Dios.
Que mantenga libre mi templo aquí
de toda discordia enviada a mí.

YO SOY quien invoca el Fuego Violeta,
para que arda y transmute todo deseo,
persistiendo en nombre de la libertad
hasta que yo me una a la Llama Violeta

Perdón

YO SOY el perdón aquí actuando,
desechando las dudas y los temores,
la Victoria Cósmica despliega sus alas
liberando por siempre a todos los hombres.

YO SOY quien invoca con pleno poder
en todo momento la ley del Perdón;
a toda la vida y en todo lugar
inundo con la Gracia del Perdón

Provisión

Libre YO SOY de duda y temor,
desechando la miseria y la pobreza,
sabiendo que la buena Provisión
proviene de los reinos celestiales del Señor.
YO SOY la mano de la Fortuna de Dios
derramando sobre el mundo los tesoros de Luz,
recibiendo ahora la Abundancia plena,
las necesidades de la vida quedan satisfechas.

Perfección

Vida de Dirección Divina YO SOY,
enciende en mí tu luz de la Verdad.
Concentra aquí la Perfección de Dios,
libérame de toda la discordia ya.

Guárdame siempre muy bien anclado
en toda la Justicia de tu plan sagrado,
¡YO SOY la Presencia de la Perfección
viviendo en el hombre la Vida de Dios!

Transfiguración

YO SOY quien transforma todas mis prendas,
cambiando las viejas por el nuevo día;
con el sol radiante del entendimiento
por todo el camino YO SOY el que brilla.

YO SOY Luz por dentro, por fuera;
YO SOY Luz por todas partes.
¡Lléname, libérame, glorifícame!
¡Séllame, sáname, purifícame!
Hasta que transfigurado todos me describan:
¡YO SOY quien brilla como el Hijo,
YO SOY quien brilla como el Sol!

Resurrección

YO SOY la llama de la Resurrección,
destellando la pura Luz de Dios.
YO SOY quien eleva cada átomo ahora,
YO SOY liberado de todas las sombras.

YO SOY la Luz de la Presencia Divina,
YO SOY por siempre libre en mi vida.
La preciosa llama de la vida eterna
se eleva ahora hacia la Victoria

Ascensión

YO SOY la luz de la Ascensión,
fluye libre la victoria aquí,
todo lo Bueno ganado al fin
por toda la eternidad.

YO SOY Luz, desvanecido todo peso.
En el aire ahora me elevo;
con el pleno Poder de Dios en el cielo
mi canto de alabanza a todos expreso.

¡Salve! YO SOY el Cristo viviente,
un ser de amor por siempre.
¡Ascendido ahora con el Poder de Dios
YO SOY un sol resplandeciente!

Gratitud a nuestro maestro Morya
Del Chela al Gurú

Maestro Morya, te damos las gracias por todo lo que haces
para elevar a la humanidad de la Tierra
al irradiar tus rayos de luz a través de los corazones de unos pocos
que dedican sus almas al nuevo nacimiento.

Que siempre traigamos desde la Presencia en lo alto
la Luz que ilumina a todos los hombres
para que vean las buenas obras del Padre del Amor
y los Maestros caminen con nosotros nuevamente.

Maestro Morya, nuestros corazones rebosan de amor
por la Luz y la Verdad que traes
enséñanos a vivir siempre en la Presencia en lo alto
para que a través de nosotros los ángeles canten.

Comprendamos todos y siempre expandamos
el conocimiento del fuego sagrado de Dios
para que la Tierra se eleve a su lugar en el Sol
en cumplimiento de tu gran deseo.

Maestro Morya, te bendecimos por ser el que
ayudas a nuestro amado Saint Germain
a expandir su gran obra como antes lo has hecho
y a elevarnos una y otra vez.

Eres siempre adorado, Gran Señor Cósmico
ahora pasa a través del velo ante nuestra vista
para que todos seamos bañados en la luz de tu corazón
dedicados a ser guardianes de la Luz.

Melodía: una balada de Tomás Moro «Créame, si todos esos jóvenes entrañables encantos»

YO SOY la Voluntad de Dios
por El Morya

En el nombre de la amada, poderosa y victoriosa Presencia de Dios YO SOY en mí, y de mi muy amado Santo Ser Crístico, llamo al corazón de la Voluntad de Dios en el Gran Sol Central, amado Arcángel Miguel, amado El Morya, amado Poderoso Hércules, todas las legiones de relámpago azul y los Hermanos del Corazón Diamantino, amados Gurú Ma y Lanello, todo el Espíritu de la Gran Hermandad Blanca y la Madre del Mundo, vida elemental: ¡fuego, aire, agua y tierra!, para que aviven la llama de la Voluntad de Dios por mis cuatro cuerpos inferiores y respondan a este mi llamado infinitamente, ahora y para siempre:

1. YO SOY la Voluntad de Dios manifestada en todas partes,
   YO SOY la Voluntad de Dios incomparablemente perfecta,
   YO SOY la Voluntad de Dios incomparablemente perfecta,
   YO SOY en todo lugar la generosidad de Dios anhelante.

Estribillo:
   Ven, Voluntad tan verdadera de llama azul,
   mantenme siempre tan radiante como tú.
   Voluntad de llama azul de la Verdad viviente,
   Llama de Bondad de la eterna juventud,
   ¡manifiéstate, manifiéstate, manifiéstate ahora en mí

2. YO SOY la Voluntad de Dios que ahora asume el mando,
   YO SOY la Voluntad de Dios que hace que todos comprendan,
   YO SOY la Voluntad de Dios cuyo poder es supremo,
   YO SOY la Voluntad de Dios que cumple el sueño del cielo

3 YO SOY la Voluntad de Dios protegiendo y
   bendiciendo aquí,
   YO SOY la Voluntad de Dios desechando todo temor,
   YO SOY la Voluntad de Dios en acción bien hecha aquí,
   YO SOY la Voluntad de Dios con Victoria para
   cada quien.

4. YO SOY el relámpago azul que destella el amor
   de la Libertad,
   YO SOY el poder del relámpago azul celestial,
   YO SOY el relámpago azul que libera a la humanidad,
   YO SOY el poder de la llama azul derramando el bien.

   ¡Y con plena Fe acepto conscientemente que esto se manifieste, se manifieste, se manifieste! (3x), ¡aquí y ahora mismo
con pleno Poder, eternamente sostenido, omnipotentemente
activo, siempre expandiéndose y abarcando el mundo hasta
que todos hayan ascendido completamente en la Luz y sean
libres!
   ¡Amado YO SOY! ¡Amado YO SOY! ¡Amado YO SOY!

THE SUMMIT LIGHTHOUSE
Un pilar mundial

Te has preguntado alguna vez: «¿Por qué yo soy yo y no otra persona? ¿Soy diferente? ¿Qué es lo que me hace único?».

¿Te acuerdas lo que pensabas de niño, cuando soñabas acerca del gran «mundo de los mayores» y anhelabas crecer para ser parte de la vida de los adultos? Tal vez querías ser un granjero, un profesor, un policía, un científico o un astronauta.

¿Encuentras en la actualidad que la vida te ha proporcionado la felicidad que esperabas entonces? ¿O estás buscando algo más allá de esas ambiciones infantiles, algo para llenar el vacío que quedó después de lograr los propósitos mundanos?

La familiar imagen del Atlas que sostiene la tierra y los cielos sugiere el interrogante acerca de tu propia contribución a la estructura total del mundo. ¿Has considerado cuánto influyen tus pensamientos y obras en el resto de la vida? ¿Has podido darte cuenta de tu deseo por aumentar y conservar la herencia del bien del mundo? ¿Eres un pilar del mundo?

Los contados iluminados en todas las eras utilizaron sus habilidades para construir la civilización, tal como la conocemos en la actualidad. Se mantuvieron como pilares del mundo. ¿Cuál sería el resultado, si mañana la *mayoría* aceptara ese llamado de levantarse como pilar del mundo? ¿Qué pasaría si se les diera el conocimiento de cómo hacerlo y decidieran desarrollarlo y ejercerlo para perfeccionar la superestructura? Si muchos asumieran los objetivos de paz y buena voluntad como los cimientos, ¿veríamos un cambio más sustancial y progresivo en la escena mundial?

Tu actitud actual se compone de lo que has retenido de las experiencias y aprendizajes del pasado. Pero tu futuro aún no ha nacido. Espera impresiones nuevas que formarás y propósitos más nobles unidos a una acción más positiva que crearás conscientemente, con deseo y esperanza.

¿Estás preparado para luchar por el noble logro merecedor del amor de Dios y digno del hombre, hecho a su imagen? ¿O flotarás en las corrientes inexploradas de la mediocridad?

¿Han satisfecho tus necesidades las aulas de estudio? ¿Te impartieron tus padres y maestros el conocimiento de la vara de la sabiduría y de un arquetipo de una regla dorada para vivir, al inculcarte reverencia hacia toda vida y la alegría de ser el guardián de tu hermano?

¿Existe mayor felicidad en la comprensión más profunda del significado de la vida, que la que se obtiene con el conocimiento superficial de la ciencia, las leyes, la cultura, la religión y la psicología?

¿Existe una religión verdadera y todas las demás son falsas? ¿Se puede conocer a Dios solo a través de la fe y de un modo mecánico? ¿Y acaso él se limita a una sola religión?

Un acercamiento a estas y muchas otras preguntas desafiantes está disponible para tu análisis personal en las enseñanzas de la Gran Hermandad Blanca publicadas por Summit Lighthouse.

Puedes moldear tu vida con patrones más constructivos, por medio de la aplicación de las leyes internas que los escogidos han guardado durante miles de años.

Hoy las revelan los Maestros Ascendidos a los corazones que esperan cumplir con su destino en el plan universal y a las mentes que no tienen los perjuicios que producen la costumbre o el miedo.

La Gran Hermandad Blanca es una fraternidad espiritual a la que pertenecen el amado Jesucristo, el Buda Gautama,

Confucio, Zaratustra, la Madre María, el Apóstol Pablo, Saint Germain, El Morya y muchos otros grandes avatares, santos y sabios de todas las eras. El término «blanca» no se refiere a la raza, sino al aura de luz blanca que rodea a estos inmortales.

Esta organización de Maestros Ascendidos difunde la Verdad por el mundo por medio de The Summit Lighthouse, que es una rama de la Hermandad, sin fines de lucro y dedicada a la expansión de la luz, del amor y de la perfección en el hombre y en la sociedad.

Este pilar mundial «externo» de la jerarquía (espiritual) «interna» trabaja para para que todo el pueblo de Dios logre la victoria, al facilitar el sendero de la ascensión de la conciencia Crística en cada individuo. Las Enseñanzas de los Maestros Ascendidos no se pueden adulterar mediante simples conceptos y teorizaciones humanos; son copas de Luz radiante, iluminación, curación, consuelo y valor para todos los que beban de ellas.

The Summit Lighthouse es una actividad nacida de la esperanza por un mundo mejor, preparada para recibir las bendiciones de la era dorada venidera, a través de la aplicación de una mayor sabiduría. Sus miembros se esfuerzan por utilizar la Luz eterna y la Verdad expresada tan hábilmente en el pasado por los numerosos grandes maestros y profetas, como peldaños hacia un mayor progreso espiritual, conscientes de que todavía queda mucho por revelar a la humanidad.

Los miembros de The Summit Lighthouse creen en la «autonomía», que mantiene la independencia individual y nacional en un equilibrio perfecto con la interdependencia social y nacional de un hombre con otro y de una nación con otra. Comprenden la necesidad de que los individuos y las naciones asuman las responsabilidades de autogobierno como cimientos para establecer un gobierno mundial equitativo y una hermandad mundial genuina.

Ningún hombre, organización o nación es una isla; tampoco pueden agruparse en un solo continente. Al volverse interdependientes, los hombres y las naciones no deben perder su individualidad. Todos los elementos deberían complementarse entre sí, al impartir y recibir numerosas bendiciones por parte del todo, para así completar el diseño divino.

Un miembro de Summit busca lo mejor en sí mismo, en el autogobierno y en la religión, mientras defiende una cooperación armoniosa entre todos los pueblos, naciones y credos, a través de una autonomía tal, que hará de toda nación, planeta y estrella un «Hogar, dulce hogar».

The Summit Lighthouse tiene la función de propagar la verdad progresiva y una mayor comprensión de la ley universal, por medio de las enseñanzas que nos entregaron los Maestros Ascendidos. Su esfuerzo supremo es hacer que esa Ley que es la voluntad irrevocable de Dios, moldeada por el Amor y diseñada por la mano de la Sabiduría, sea práctica para las necesidades de la humanidad.

Porque en realidad, la Ley libera de toda opresión a quienes la aplican, y hace que los corazones se vuelvan receptivos a la voz que desde lo alto habla a todo hombre, mujer y niño y dice: «¡He aquí, YO SOY quien ha venido para que los hombres tengan Vida y la tengan en abundancia!».

Al enseñar la ciencia de la ley universal, los Maestros Ascendidos buscan inculcar el amor a la virtud y a la perfección en todo corazón y hogar, para acercar a los hombres más a Dios, a su propia identidad Crística y a sus hermanos. Por tanto, sus alegrías futuras y éxitos para el orden mundial excederán los logros del pasado, así como el brillo del sol contrasta con la tenue luz de una vela.

La gracia y paz inspiradora de los Maestros Ascendidos se irradia diariamente desde Summit Beacon y llega a su círculo inmediato de chelas (discípulos), quienes, a su vez, concentran estas energías para todo el pueblo de Dios en la Tierra. El pilar mundial The Summit Lighthouse es el precursor del ideal espiritual de la perfección que todos pueden lograr aquí y ahora, a través de la ayuda directa de su Presencia Divina individualizada y de las huestes de Maestros Ascendidos.

La Verdad consagrada en The Summit Lighthouse, entonces, es la ciencia de alcanzar la cima del ser, el bien superior en el hombre, que es Dios. Como una pequeña bellota, este núcleo de Verdad se expande para convertirse en el imponente roble, del cual puede tallarse, en una labor de Amor Universal, un Templo de Victoria dedicado a la glorificación de Dios en toda vida.

Los Maestros Ascendidos llegan a la conciencia de sus estudiantes por medio de muchas vías, pero ninguna es tan directa como las cartas semanales llamadas *Perlas de Sabiduría.* Si eliges estudiar estas publicaciones cada semana, encontrarás que tu alma se renueva con las gentiles comunicaciones de amor de tus «amigos de la Luz». Se invita a todos a que reciban las *Perlas de Sabiduría,* en especial a quienes poseen una mayor armonización con la chispa divina en ellos y anhelan ser pilares del mundo.

Si estás interesado en asegurar una instrucción más avanzada, puedes pedir información acerca de la Fraternidad de Guardianes de la Llama, cuyos miembros están dedicados a la libertad e iluminación de la humanidad y a guardar la mayor Luz de Vida, Sabiduría y Amor encendidos en la lámpara del ser. Los miembros reciben lecciones periódicas escritas por la jerarquía ascendida, las cuales contienen enseñanza sobre la Ley desde los principios más básicos hasta los conceptos más profundos, que antes se entregaban solo a los iniciados en los retiros de la Gran Hermandad Blanca.

Una mayor comprensión de nuestra fuente común nos

ayuda a que todos encontremos nuestro camino de regreso al «Hogar». Recibe entonces, si lo deseas, el círculo de iluminación concentrada, que emana desde la elevada torre de The Summit, construida sobre la roca de la Verdad divina.

Les recordamos a todos que hay una cima de identidad divina dentro de cada uno, ya sea que estén conscientes de esa Presencia guía o solo sospechen de su existencia; y que hay una cima de logro victorioso del propósito supremo para la Tierra, que los hombres deben descubrir algún día, individual y colectivamente, para poder traer la gran era dorada en el momento señalado.

Así como Diógenes caminó por las calles con su linterna en busca de un corazón honesto, de igual manera te invitamos a que nos acompañes en tu búsqueda de la nobleza, que conoces como tu yo verdadero. Porque esa búsqueda y ese Grial son tan tuyos como de cualquier hombre.

Escribe hoy a The Summit Lighthouse y pide las *Perlas de Sabiduría* e información sobre la Fraternidad de los Guardianes de la Llama.

Te damos la bienvenida al camino del logro victorioso y de la oportunidad de decir un día: «YO SOY un pilar del mundo».

EL ÁSHRAM UNIVERSAL
DE LOS DEVOTOS DE LA VOLUNTAD DE DIOS

Contacto con la Hermandad a través
de las Meditaciones de los Rituales del Áshram

Extractos de un dictado de El Morya a través
de la Mensajera Elizabeth Clare Prophet

Ahora vengo al final para sellar vuestra frente, oh, chela de la voluntad de Dios. Aquí con vosotros en la plena presencia, aunque también en Darjeeling, YO SOY el Corazón Diamantino de este movimiento...

Estoy presente en medio del ojo del huracán, como todos vosotros en la gran manifestación de la Voluntad de Dios que es el vórtice de luz alrededor de esta comunidad. Por lo tanto, estamos en el corazón del Áshram, porque ¿no es el Áshram el núcleo de todos los sistemas de energía? ¡Sí, de hecho, lo es!...

Estoy presente en medio del ojo del huracán, así como estáis vosotros en esta hora, aunque no lo sepáis; ya que estáis sellados en la gran manifestación de la voluntad de Dios, que es el vórtice de luz alrededor de esta comunidad. Por tanto, estamos en el corazón del Áshram, pues ¿no es el Áshram el núcleo de todos los sistemas de energía? Sí, ¡en verdad lo es!

El Áshram está siempre presente. Es el orden mundial. Hay muchos miembros fuera de esta comunidad que son mis discípulos. Ellos defienden la conciencia ashrámica y el *antahkarana** se ha estado construyendo durante treinta, cuarenta y más años. Pues el conocimiento del Áshram como la casa de

---

**Antahkarana:* [Del sánscrito, «órgano de los sentidos internos»], la red de la vida; la red de luz que atraviesa el Espíritu y la Materia que conecta y sensibiliza a toda la creación dentro de sí misma y al corazón de Dios.

luz, la morada del Gurú y del chela, otorga consuelo a todos. Es la llama del consuelo en medio de la tormenta. Es la luz en la ventana de la cabina que el viajero ve a lo lejos a través de la tormenta nocturna.

El Áshram es el refugio. Es el lugar de descanso. Es el lugar especial, dondequiera que lo encontréis, es el mismo que cualquier otro lugar. Hermanos y hermanas unidos en mente, corazón y propósito cesan la lucha, entran para recargarse y se encuentran aquí y allá, a lo largo del camino de la vida en nuestros recónditos puestos de avanzada. Esta es la visión del Áshram que mantengo y que existe.

Por consiguiente, vosotros, también, os habéis cobijado en ese lugar, que muchos han preparado, al extender este antahkarana de un cosmos. Sentid ahora el filamento de este antahkarana que pasa a través de vuestro corazón. Ciertamente es un filamento de luz. Y, por consiguiente, si hacéis vibrar el filamento cuando usáis al menos una de las meditaciones todos los días (y hay en verdad algunas cortas para que nadie encuentre una excusa para no hacerla), entonces veréis que siempre seréis parte del antahkarana. Siempre seréis capaces de escuchar con el oído interno y con el corazón cuál es la situación de todos los servidores de la Voluntad de Dios de un cosmos.

Os beneficiaréis mucho de esta asociación; porque hay que admitir que muchos han trascendido vuestro logro, algunos son adeptos no ascendidos, otros Maestros Ascendidos y seres cósmicos. Por lo tanto, podéis entregar su impulso acumulado a los que tienen menos logro, incluso mientras vosotros mismos os fortalecéis por los ímpetus desde lo alto.

Realmente, el Áshram es un impulso. Es un impulso para amar y para cumplir las órdenes de Jesucristo. Adoramos la manifestación universal del Cristo. Sin embargo, estamos aquí para cumplir con las palabras del Salvador Jesucristo, quien es el Señor y debe verse como el Señor por parte de quienes desean entrar al corazón de la voluntad de Dios y recibir la fortaleza para cumplirla; pues sin Cristo, no podéis.

Corderos esquilados, sí, portadores del karma, sí, y aquellos quienes han invertido grandes cantidades de energía en otras causas que no son de la voluntad de Dios. Por lo tanto, hasta que no se retiren todos estos hilos de una inversión insensata, como veis, necesitáis del intercesor para que se haga la voluntad de Dios. El intercesor de hecho es el mantra, es la meditación, ¡es ciertamente el ritual! Pues Yo y mi Padre somos uno.[1]

Y he aquí, Cristo os susurrará: «YO SOY el Verbo y mi Verbo se manifiesta en vosotros, a medida que permitís que ese Verbo resuene a través de vosotros». Entonces, cuando lo hacéis, amados, primero os convertís en la manifestación de las palabras de Cristo, y luego, amados, millones de palabras unidas en un corazón diamantino se transforman en el cáliz de la Palabra misma. Y algún día sabréis:

YO SOY, también, el Verbo encarnado con Cristo,
pues ya no hay separación
entre mi Señor y yo.
Pues YO SOY en sus palabras.
He bebido su sangre.
He asimilado su carne.
Y YO SOY EL QUE YO SOY,
que Él es, donde YO SOY.

He aquí, ¡es Él!
He aquí, ¡Él viene!
He aquí, Él viene donde YO SOY en el Áshram
o en el ojo del huracán.
He aquí, Él viene.

Diez mil de sus santos me rodean.

Y YO SOY Uno.

YO SOY Uno en Él y Él en mí por medio del Verbo encarnado.

Por tanto, el Áshram es en verdad un medio para lograr un fin y ese fin es la identificación total con la Palabra de Dios. Buscamos el fortalecimiento de los corazones y el ritual siempre ha sido el medio para alcanzar ese fin. El ritual en sí aumenta la capacidad del individuo para sostener poderosas corrientes de energía. A medida que aumenta la capacidad, os transformáis. Los rituales son autotransformadores.

Escuchadlos mientras los doy a través de la Mensajera. Prestad atención a la cualidad de la voz de Lanello y de la mía, mientras escucháis el fervor del amor y os dais cuenta de que la Mensajera os está enseñando mediante el ejemplo cómo crear un cáliz para la Luz a partir de la recitación de la Palabra.

La simple repetición de palabras no es suficiente para esta búsqueda. Toda palabra que pronunciáis, incluso cuando me escucháis hablar a mí ahora, se enuncia con un poder, con un fervor de adoración y de gratitud hacia Dios. De hecho, nuestra Palabra hablada lleva todo nuestro ser y el sello de nuestra individualidad. Entonces, cuando recitáis vuestros rituales, que el aliento del fuego sagrado lleve a vuestras palabras la luz de vuestro corazón.

Cuando se envían estas palabras, no existe un final para ellas. Cruzan las esferas de la Materia y bendicen a toda la Vida. ¡Así es la naturaleza de la Palabra del Gurú! Imitad esta forma de hablar, amados, en vuestros rituales del Áshram, de manera que vuestras palabras, como copas de Luz que se mueven sobre una cinta transportadora, alcancen a millones de corazones de Luz y nunca se detengan por la distancia;

pues estas palabras emitidas de este modo viajan más allá de las longitudes de las ondas normales del sonido.

De hecho, existe el rayo de luz y sonido, mediante el cual las Palabras del Gurú se llevan a cualquier lugar del universo, donde Él se manifieste como Dios. Y se transportan a través de los cielos de estrella en estrella; y todos los que son chelas de la Voluntad de Dios, que han alcanzado un cierto nivel de logro, escuchan con el oído interno las transmisiones de la Palabra como Poder, la Palabra como enseñanza, la Palabra como Amor, la Palabra como la exégesis de la Ley misma y de las escrituras de Oriente y Occidente.

Ahora comprended cómo la Palabra de Jesucristo vive para siempre más allá del cielo y de la tierra. Porque la Palabra sigue su camino más allá de estas octavas, nutre a la Vida y mantiene el equilibrio del Áshram universal de los devotos de la Voluntad de Dios.

Benditos, todos los que tienen algún nivel de logro, cualquiera que fuere, deben ser devotos de la Voluntad de Dios. Así, comenzáis a ver la magnitud de nuestro Áshram, que todo el Espíritu de la Gran Hermandad Blanca es parte del antahkarana al que entráis, cuando recitáis nuestros rituales con un ciclo rítmico regular.

En el principio era el Verbo, en verdad. Y en el final es el Verbo como la Obra del Señor. Y en el medio es el Verbo. Y ¡el Verbo está en todas partes! Ahora entonces, amados, os aseguro que me agradaría en gran manera si salierais a buscar y encontrarais a esas almas de Luz de una longitud de onda similar a la vuestra y les llevarais el mensaje del Áshram universal de la luz de la sagrada Voluntad de Dios; que puedan comprender que al entrar un poco y al manifestar un poco de alegría en las vibraciones que fluyen a través de la emisión hablada de nuestras meditaciones, puedan hallar la verdadera comunión de los santos y la unidad con todos los que alguna vez han amado la voluntad de Dios.

Este proceso de fortalecimiento es necesario. Pues cuando no recibís de las corrientes terrestres o de la tierra misma sus nutrientes y todo lo que necesitáis para vigorizar el cuerpo y la mente, para tener la claridad de la percepción, para funcionar con la capacidad de un adepto no ascendido, como sois llamados a hacer, entonces os digo que los canales con los que os conectáis y reforzáis mediante vuestras palabras en nuestras meditaciones os abrirán la energía y las corrientes de luz para compensar los problemas de contaminación de este mundo o de cualquier otro mundo tan contaminado.

¡Nuestro Dios nos os deja sin consuelo! Nuestro Dios puede proporcionaros la luz y compensar vuestras necesidades. Pero si los canales no están abiertos, si no se sostienen, amados, entonces, cuando tenéis la necesidad no estáis conectados con el Áshram. Más aún, a través de este antahkarana, experimentáis el vínculo directo con vuestra poderosa Presencia YO SOY (cuando en el estado kármico no podríais sostenerlo de otra manera), pues estáis en contacto permanente con seres cósmicos.

¿Qué hay de los decretos y la energía acumulada de los decretos de muchos años? Todo esto refuerza los rituales, pero estos son muy especiales. Son muy preciados. Son la base y el fundamento para todos los que desean comenzar en el Sendero; correrán y no se cansarán[2] y completarán su curso.

El ritual es el medio de la devoción y, a través de esta devoción y la aplicación de las instrucciones para la visualización, adquirís cierta habilidad, mediante el fervor del corazón, la voluntad de la mente y el cuidado hacia otras partes de la vida. Para enviar luz e intensificar el rayo de luz, mientras lo veis salir disparado desde vuestro corazón, debéis visualizar su intensificación y dirigirlo para que se manifieste todo el Bien de Dios, donde sea que más se necesite. Por lo tanto, la meditación fortalecerá vuestra visión y ayudará a limpiar el chakra del tercer ojo a medida que lo uséis cada vez más para proyectar solo el bien a cada parte de la vida de Dios.

Las meditaciones son una dispensación. Provienen del Cuerpo Causal de un gran Ser Cósmico, que también ha sido mi mentor. Y a través de mi corazón, esta emisión a mis chelas completa un círculo que os puede llevar a mundos lejanos, que son la morada de este gran ser.

Por eso, amados, sabed en todos los sentidos que tenemos muchas razones, por las cuales hacemos muchas cosas. Y aunque podría hablaros durante muchas horas sobre las realidades del Áshram y lo que puede significar para vuestra aceleración en el Sendero, os pido que, como chelas de la Voluntad de Dios, aceptéis mi palabra, que así es.

Aceptad que esta unión de vuestras almas entre sí, con mi corazón y con todos los siervos de la Voluntad de Dios es una clave importante para vuestro éxito y para vuestra victoria divina. Esto se aplica incluso en el asunto de la iniciación en el nivel de los dos tercios de la pirámide, incluso en el tema de la expansión de la llama de la resurrección en vuestro corazón, que Jesús[3] os dio con tanto amor, con tal amor inefable. Sí, vuestra participación en las meditaciones de los rituales del Áshram os fortalecerán para que alcancéis todo lo que deseáis a través de un sendero de automaestría.

Por eso, que la comunidad y que los chelas decidan cuándo desean reunirse para dar estos rituales. Que sea la voluntad espontánea de todos. Que se den a conocer sus votos y se presenten sugerencias. Por lo tanto, podemos comulgar juntos en estos rituales cuando es el regalo gratuito, que Dios otorga a los que participan. Que sea vuestra conexión con el futuro y el arco por el cual el alma pueda pasar la Noche Oscura de los noventa y situarse en la matriz de la Voluntad de Dios.

Confiad en mí que debéis estar en la Tierra, pero no ser

parte de ella. Conquistad el ego. Estableced un medio de vida correcto. Y si no tenéis lo suficiente en vuestra vida, sabed que, dado que es uno de los requisitos del Sendero Óctuple del Buda,* hay alguna fuerza del anti-Buda dentro del yo que debéis perseguir. Porque el sustento correcto es la naturaleza del Sendero mismo y el sustento incorrecto no beneficiará a vuestra alma ni será para equilibrar el karma.

De modo que, si la codicia o cualquier otro vicio influye en vuestras motivaciones en el modo de vida, no aceleraréis en el Sendero. Considerad, entonces, los requisitos del Buda en el Sendero Óctuple y procurad hacer los cambios adecuados en vuestra vida. A menos que llaméis a los cinco Budas Dhyani y deseéis eliminar los cinco venenos en serio, a menos que podáis llamar a Ciclopea para que os dé una visión y percibáis qué venenos traen dolencias al espíritu, al alma y a la mente, me es difícil ayudaros.

Pero cuando sois parte de los rituales del Áshram, recibís pulsaciones de mi mente y entráis en vuestra propia mente Crística; y veis cosas en vosotros mismos que no os gustan y os fortalecéis para poder resolverlas. Y no os derrumbáis cuando descubrís cosas sobre vosotros mismos que no habéis estado dispuestos a mirar antes.

Los que abrazan el camino de la encarnación de la virtud deben demostrar la vida abundante. La virtud conduce a la construcción del imán del corazón y el amor solo puede atraer más de sí mismo. El imán del Amor siempre trae todas las cosas necesarias al que lo lleva, hasta excluir todas las vibraciones inferiores.

YO SOY el que viene ahora al corazón de la Escuela de Misterios. He pasado a través de vuestro corazón el hilo del antahkarana del Áshram. «Ahora os hago este ofrecimiento

---

*Entendimiento correcto, pensamiento correcto, discurso correcto, acción correcta, medio de vida correcto, esfuerzo correcto, atención plena correcta, concentración correcta.

de establecer un foco del Áshram, al dar los rituales y buscar la expansión del círculo de vuestra meditación, mediante la invitación a quienes vendrán y a los que desean entrar.

»Si establecéis este campo energético, aun si estáis solos en vuestro hogar, si fijáis una rutina semanal de meditación y la mantenéis, yo, Morya, Señor del Primer Rayo, sostendré por vosotros la matriz del Áshram donde estéis. Si es posible, consagrad un lugar donde deis vuestros rituales y mantenedlo sagrado. Incluso un pequeño rincón de una habitación servirá.

Amados, el Áshram siempre ha sido y siempre será sin cumplir más requisitos que la devoción. No necesitáis tarjetas de membrecía. No necesitáis promesas escritas ni cuotas ni nada más. Tenéis las *Notas del Áshram* para que las estudiéis y las volváis a estudiar.

Hay almas en otras dimensiones que usan este librito como una Biblia para entrar en el corazón de la Voluntad de Dios. Las Notas conceden el ímpetu para una profunda meditación en Dios y en su Cristo; son como un caramelo agridulce en la boca, que nunca se disolverá, sino que siempre estará ahí para saborearlo una y otra vez. [...]

Así, yo, El Morya con mis chelas deseo traer a todos los que encuentren la copa de comunión y, bocado tras bocado, el pan de los ángeles: *panis angelicus*. Me gusta escuchar esa pieza[4] una y otra vez. Cada vez que la pongáis, yo estaré allí, pues amo el sermón de Jesús: «YO SOY el pan de vida que descendió del cielo».[5]

En verdad, Cristo es el pan de la vida y una migaja de esa hogaza puede transformar un universo. Pues cuando alguien que no conoce a Cristo Jesús llega a ese punto de amor y profundo conocimiento del Maestro, todas las puertas de un cosmos pueden abrirse para él. Por lo tanto, os hallaréis capaces de ofrecer bocados de ese pan de nuestro SEÑOR no en montañas de lo material, sino en la cualidad del amor de vuestro corazón. Y cada uno beberá el vino del Espíritu, pues no podéis enviar la palabra de un ritual a un cosmos sin que regrese a vosotros la esencia de Luz de vuestra inmortalidad.

En verdad, con mi amanuense Mark Prophet he abierto la puerta a miles y millones a través de la conciencia ashrámica Ahora, amados, he pasado la antorcha, os he dado la clave. El libro está en vuestras manos. Que permitáis que haga el trabajo y que seáis su sierva y la sierva que libera a las almas para que adoren a su Dios y sean libres para conocer a Cristo...

Pues es la verdadera introducción a The Summit Lighthouse, que está construida sobre esta base. Que vayáis ahora a colocar esos cimientos en vuestra vida, pues los necesitaréis en los días y meses venideros [...]

Os recuerdo la política de la Hermandad de darle vuestra energía por anticipado. Lo que nos entreguéis en los decretos ofrecidos en mi nombre a través de las cintas, lo multiplicaremos y os los enviaremos de regreso. Dadnos la luz, la energía y la energía acumulada de los decretos. Aumentad vuestro contacto con la Hermandad mediante los rituales y veréis lo que hará Morya por todos y cada uno de vosotros. Es un pacto que hacemos con todos los que son verdaderos miembros mediante la acción de nuestro Áshram.

No os fallaremos, amados. Entregadnos la luz, la energía, la voluntad. Dadnos la fe, la confianza y escuchad con el oído interno para obedecer nuestra voz. Entonces veréis un grandioso y total despliegue de lo que los hermanos de blanco son capaces de hacer a favor de los verdaderos chelas.

Estos son mis pensamientos en esta hora, amados. Velad y orad para que no entréis en tentación, y observad los acontecimientos de la escena mundial. Ningún chela debe ser tomado por sorpresa cuando se trata de eventos y ciclos planetarios y de su propia vida personal. Debéis ser lo suficientemente astutos para anticipar el futuro, mediante las señales de los tiempos que leéis y percibís todos los días.

Por tanto, YO SOY con vosotros. Así, mi Presencia permanece sobre mi Mensajera para que podáis entrar en contacto conmigo en un nivel más físico. Y estoy realmente agradecido por su servicio, por su resistencia, así como también por su corazón compasivo. También estoy agradecido con vosotros por vuestra lealtad, vuestro esfuerzo, vuestra devoción y vuestra presencia, que hace posible en todo momento las actividades de esta Iglesia y el servicio de la Mensajera.

Nosotros del Consejo de Darjeeling os saludamos.

¡Os animamos!

¡Adelante, chelas del fuego sagrado!

¡Valor! ¡Valor! ¡Valor!

Rancho Royal Teton
8 de julio de 1990

(1) Juan 10:30. (2) Isa. 40:31. (3) Véase Jesucristo, 8 de julio de 1990, "El regalo de la Llama de la Resurrección", en las *Perlas de Sabiduría* de 1990, pp. 423–27. (4) "Panis Angelicus," del compositor César Franck. (5) Juan 6:26–59.

ACERCA DE
THE SUMMIT LIGHTHOUSE®

¿Le interesa la exploración de la realidad, la persecución del autodominio individual y la búsqueda de puntos en común en los caminos místicos de las religiones del mundo? Summit Lighthouse, un puesto de avanzada de la gran hermandad de la luz, es una comunidad de estudiantes espirituales de todo el mundo que comparten su interés. Estudiamos y publicamos las Enseñanzas de los Maestros Ascendidos y las usamos para acelerar en nuestro sendero espiritual.

¿Cuáles son estas enseñanzas? Durante los últimos 150 años, los Maestros Ascendidos han llamado la atención de la humanidad sobre los conceptos espirituales del karma y la reencarnación, al restaurar la conexión con nuestro Ser Divino o Presencia YO SOY, y cómo equilibrar nuestro karma para ascender de regreso al reino del Espíritu de dónde venimos. También dieron instrucciones prácticas sobre cómo reconectarse con la llama gemela y las almas compañeras y cómo acelerar el viaje de liberación del alma a través del poder de la Palabra hablada, la llama violeta, la oración y la meditación.

The Summit Lighthouse es el lugar al que se debe acudir para obtener información sobre la hermandad de la luz, de la que se dado que hablar desde hace mucho tiempo, que aparece en tiempos de necesidad para ayudar a la humanidad. ¿Qué es esta hermandad? La Gran Hermandad Blanca está compuesta por seres ascendidos que una vez vivieron en la Tierra, equilibraron su karma y se reunieron con la luz de su Divina Presencia en el ritual de la ascensión. Estos seres exaltados ahora ayudan a almas como tú y yo, sus amigos y familiares en vidas pasadas, a lo que logremos la maestría y nos transformemos en los seres divinos que realmente somos.

The Summit Lighthouse tiene su sede internacional en el Rancho Royal Teton, una hermosa extensión de tierra en las

Montañas Rocosas, al norte del Parque Nacional Yellowstone. Si se encuentra en el área, lo invitamos a pasar para conversar y disfrutar de nuestras nuevas aguas termales de Yellowstone. Estas hermosas aguas termales ricas en minerales le ofrecen una experiencia inolvidable en las pintorescas orillas del río Yellowstone.

Explore www.SummitLighthouse.org, donde encontrará lecciones gratuitas en línea sobre el karma, los chakras, los arcángeles y la asombrosa historia de Sanat Kumara, el Anciano de los Días. También puede inscribirse para recibir una oferta de libros gratis o para nuestra serie gratuita de 16 mensajes invaluables del maestro ascendido El Morya sobre *El discípulo y el sendero.*

Mientras esté allí, aprenda más sobre las Enseñanzas de los Maestros Ascendidos, las *Perlas de Sabiduría* mensuales, la comunidad espiritual en el Rancho Royal, seminarios de fin de semana, conferencias trimestrales y la Fraternidad de Guardianes de la Llama, una organización espiritual dedicada a sostener la llama de la vida en la Tierra.

Para obtener un catálogo gratuito de libros, CD y DVD publicados por Summit University Press, visite www.Summit UniversityPress.com.

¡Esperamos darle la bienvenida en cualquiera de nuestros sitios web y ubicaciones físicas!

SUMMIT UNIVERSITY®

Una escuela de misterios moderna

¿Te atrae una comprensión de Dios, del universo y de ti mismo que trasciende el mundo habitual en el que creciste? The Summit University ofrece una poderosa experiencia de transformación para los estudiantes que buscan comprender los misterios de la vida.

En 1971, Mark L. Prophet y Elizabeth Clare Prophet fundaron Summit University, con el fin de proporcionar en profundidad cursos de estudio sobre salud, espiritualidad y conciencia. SU es una escuela de misterios moderna basada en las enseñanzas de las tradiciones espirituales del mundo y de los Maestros Ascendidos: las grandes luminarias espirituales de Oriente y Occidente, que han ascendido de regreso al reino del Espíritu después de muchas vidas en la Tierra. Summit University ofrece una amplia selección de cursos en línea bien definidos que profundizan el conocimiento de los buscadores de estas enseñanzas transformadoras.

SU también lleva a cabo seminarios y retiros de fin de semana en nuestro campus de Montana y en diferentes lugares del mundo. Los eventos de SU son una experiencia verdaderamente mística para muchos, ya que cada seminario o retiro es patrocinado por uno o más de los Maestros Ascendidos.

Los Maestros trabajan con los estudiantes para brindarles percepciones profundas sobre su psicología y proporcionarles una guía interna para su desarrollo espiritual.

Los cursos en línea incluyen temas como «La comprensión de ti mismo», «Ley cósmica», «Budismo: bondad amorosa en acción», «Estudio de las religiones del mundo» y «Comprender las Enseñanzas de los Maestros Ascendidos».

Para información actualizada sobre Summit University, visite:

www.SummitUniversity.org

Envíenos un correo electrónico a: info@SummitUniversity.org

Guía fundamental de El Morya
sobre el sendero espiritual

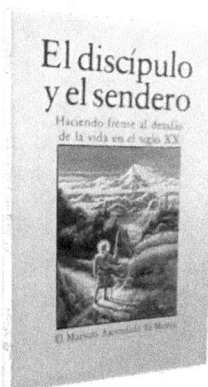

¿Quién es el discípulo en el sendero? Eres tú, el alma que busca conocer «¿Quién soy yo? ¿Por qué estoy aquí? ¿A dónde voy en última instancia y cómo llego allí?». El Morya se anticipó a tu búsqueda y te proporcionó un mapa del sendero espiritual.

Cada viaje se realiza más fácilmente con un mapa y los consejos de un guía experimentado. En *El discípulo y el sendero,* El Morya es ese guía que atravesó con éxito el camino estrecho que conduce a la ascensión. Aquí te trae un mapa para ayudarte a triunfar en tu camino espiritual alegre, pero desafiante.

Cada capítulo está lleno de su sabiduría, desde consejos sobre la mejor mentalidad para lograrlo, hasta una introducción a tus otros guías y protectores espirituales: los siete arcángeles y los chohanes de los rayos. Además, podrás leer una historia concisa del trabajo de los Maestros Ascendidos con los grupos espirituales de vanguardia durante los últimos 150 años.

Es un conocimiento clave que te ayudará a mantenerte firme y concentrado en el sendero del chela, evitar cualquier obstáculo y encontrar formas de acelerar tu viaje. ¡La guía fundamental para ti, que no solo te permitirá conocer tu verdadero potencial, sino también hacerlo realidad!

The Summit Lighthouse·
63 Summit Way
Gardiner, Montana 59030 USA
1-800-245-5445 / 406-848-9500

Se habla español.

TSLinfo@TSL.org
SummitLighthouse.org
www.SummitLighthouse.org/El-Morya
www.ElMorya.org

MARK L. PROPHET y ELIZABETH CLARE PROPHET
son pioneros de la espiritualidad moderna y escritores de
reputación internacional. Sus libros se han publicado en
más de treinta idiomas y se han vendido más de tres millones de ejemplares en todo el mundo. Entre sus títulos
más populares encontramos: *Los años perdidos de Jesús,
Las enseñanzas perdidas de Jesús, El aura humana, Saint
Germain sobre alquimia, Ángeles caídos y los orígenes del mal,
Vida después de la muerte,* los libros de bolsillo hasta las
series sobre espiritualidad práctica, que incluyen *Karma y
reencarnación, Tus siete centros de energías, La llama violeta,
Almas compañeras y llamas gemelas,* y otros.

www.ingramcontent.com/pod-product-compliance
Lightning Source LLC
LaVergne TN
LVHW051459080426
835509LV00017B/1828